世界就业和社会展望

——2017 年趋势

国际劳工组织　编著

中国财经出版传媒集团
中国财政经济出版社

图书在版编目（CIP）数据

世界就业和社会展望. 2017 年趋势/国际劳工组织编著；—北京：中国财政经济出版社，2018. 4

书名原文：World Employment and Social Outlook：Trends 2017

ISBN 978 - 7 - 5095 - 8085 - 1

Ⅰ. ①世…　Ⅱ. ①国…　Ⅲ. ①劳动就业 - 研究报告 - 世界 - 2017　Ⅳ. ①F249. 1

中国版本图书馆 CIP 数据核字（2018）第 042215 号

责任编辑：吴　敏　　　　　　责任校对：徐艳丽

中国财政经济出版社 出版

URL：http：//www. cfeph. cn

E - mail：cfeph @ cfeph. cn

社址：北京市海淀区阜成路甲 28 号　邮政编码：100142

营销中心电话：010 - 88191537

北京富生印刷厂印刷　各地新华书店经销

880 × 1230 毫米　16 开　3. 75 印张　69 000 字

2018 年 4 月第 1 版　2018 年 4 月北京第 1 次印刷

定价：25. 00 元

ISBN 978 - 7 - 5095 - 8085 - 1

图字：01 - 2018 - 0217

（图书出现印装问题，本社负责调换）

本社质量投诉电话：010 - 88190744

打击盗版举报热线：010 - 88191661　QQ：2242791300

致　谢

《世界就业和社会展望——2017 年趋势》由国际劳工组织研究局下属的劳动力市场趋势和政策评估小组（负责人为 Steven Tobin）编撰。本报告的作者包括 Stefan Kühn，Santo Milasi，Richard Horne 和 Sheena Yoon。Judy Rafferty 提供了宝贵的研究协助。本报告的相关预测数据来自国际劳工组织的“趋势计量经济学模型”，其负责人为 Stefan Kühn 和 Steven Kapsos。本报告的编写也离不开 Steven Kapsos 所领导的团队提供的反馈和劳动力市场基本信息，其成员主要包括国际劳工组织统计局的 David Bescond，Evangelia Bourmpoula，Rosina Gammarano，Yves Perardel 和 Marie-Claire Sodergren。此外，研究局副局长 L. Jeff Johnson 以及临时局长 Moazam Mahmood 也为本报告提供了非常好的意见和建议。

国际劳工组织研究局在此感谢国际劳工组织政策局副局长 Deborah Greenfield、局长高级顾问 James Howard 以及政策副局长特别顾问 Sangheon Lee 为本报告所给予的各种意见和建议。同时，本报告编写团队感谢国际劳工组织如下同仁所提供的信息和建议，包括：Laura Addati，Pedro Américo Furtado de Oliveira，Juan Chacaltana，Ken Chamuva Shawa，Marva Corley-Coulibaly，Guillaume Delautre，Elizabeth Echeverria Manrique，Ekkehard Ernst，Verónica Escudero，Valeria Esquivel，Nicholas Grisewood，Tariq Haq，Phu Huynh，Samia Kazi Aoul，Sameer Khatiwada，Takaaki Kizu，Elva López-Mourelo，Nicolas Maître，Rossana Merola，Tim De Meyer，Guillermo Montt，Annette Niederfranke，Shauna Olney，Francesco d'Ovidio，Natalia Popova，Mikhail Pouchkin，Catherine Saget，Daniel Samaan，Helmut Schwarzer，Pelin Sekerler-Richiardi，Kristen Sobeck，Sophie Soete，Akiko Taguchi，Rie Vejs-Kjeldgaard，Sher Verick，Christian Viegelahn，Zheng Wang，Thomas Wissing。来自联合国经济和社会事务部的 Dawn Holland 也为我们提供了宝贵的建议。同时，本报告的作者们也向国际劳工组织非洲、阿拉伯地区、亚太地区、欧洲和中亚，以及拉美和加勒比地区的区域办公室所提供的建议表示感谢。

目 录

专栏

图

表

执行摘要

经济增长持续低迷，体面工作的赤字依然普遍存在

2016 年，全球国内生产总值（GDP）增长创下了 6 年以来的最低值，达到 3.1%，远远低于前一年预测的增长率。展望未来，全球经济增长速度预计在 2017 年和 2018 年实现小幅提升，分别达到 3.4% 和 3.6%。不过，正如本报告所强调的，在过去的数年中人们对 2017 年的增长率持续调低（2012 年时的预测值为超过 4.6%，而 2016 年时的预测值为 3.4%），同时全球经济一直持续存在高度的不确定性。

2016 年的经济表现令人失望，2017 年的展望数据也低于趋势水平，这使人们对经济是否能够创造足够数量的工作、为工作者改善就业质量，以及确保增长收益能够以具有包容性的方式得到共享产生了疑虑。全球各国目前正在面临着双重挑战，既要修复危机所导致的损失，同时还要为劳动力市场的新进入者创造优质的就业机会。

首先，2017 年全球失业人口预计增加 340 万人

随着全球劳动力规模持续扩大，全球失业水平和失业率预计在近期将保持较高水平。需要特别指出的是，2017 年的全球失业率预计将小幅上升，达到 5.8%（2016 年的失业率为 5.7%），即全球范围内将新增 340 万失业人口（使 2017 年的总失业人口达到 2.01 亿多人）。尽管 2018 年的全球失业率预计将保持相对平稳，但劳动力（指求职的劳动人口）增长速度将超过工作创造的速度，这将导致全球范围内新增 270 万失业人口。

2017 年失业水平和失业率上升的驱动因素是新兴国家中劳动力市场条件的恶化（由于 2016 年的几次严重衰退在 2017 年持续对劳动力市场产生影响）。事实上，在 2016 年至 2017 年期间，新兴国家失业人口数量预计将增长大约 360 万人（在此期间，新兴国家的失业率预计将攀升至 5.7%，而 2016 年的失业率为 5.6%）。拉美和加勒比地区的情况值得关注，该地区 2017 年的失业率预计将增长 0.3 个百分点，达到 8.4%；其主要原因是巴西失业人口的增加。

与此相反，2017 年发达国家的失业人口预计将减少 6.7 万人，从而使失业率从 2016 年的 6.3% 下降至 6.2%。在欧洲，特别是在北欧、南欧和西欧，失业水平和失业率预计将持续下降，但就业水平提高的进展将减缓，同时出现了结构性失业恶化的迹象。加拿大和美国也出现了同样的情况。例如，在欧洲和北美，与危机前的水平相比，长期失业人口一直保持在较高的水平；以欧洲为例，尽管失业率有所下降，但失业人口在近期出现增长。事实上，在欧盟 28 国中，在 2016 年第二季度，

求职长达12个月或更长时间的失业人口所占份额达到了47.8%，而2012年同期的数字为44.5%。此外，在2016年第二季度，这一群体中超过三分之二的人口（总共达600万人）处于失业状态已经超过两年。

2017年，发展中国家的失业人口预计将增加45万人，2017年和2018年的失业率将徘徊在5.5%左右。不过，对于许多发展中国家和新兴国家而言，长期存在的就业质量欠佳问题——表现为个体工作者和无报酬家庭帮工（被统称为弱势就业劳动者）的较高份额以及工作贫困（working poverty）——将成为一个核心问题。

其次，全球弱势就业人口达到14亿人，弱势就业依然普遍存在

处于弱势就业的工作者通常处于高度的不稳定性之中，比如他们很少有机会参与贡献型（contributory）社会保障，而这在工薪者之中则是较为普遍的。但是，弱势就业工作者所占份额在未来数年中只能实现小幅改善：在未来的两年中，弱势就业率预计每年仅能下降不到0.2个百分点，而在2000年至2010年间，该比率的平均年降幅为0.5个百分点。这样看来，2017年弱势就业在总就业中所占份额预计将保持在42%以上，全球弱势就业人口将达到14亿人。事实上，新兴国家中几乎二分之一的人口处于弱势就业之中，这一比例在发展中国家几乎高达80%。因此，在全球范围内，处于弱势就业的工作者的人数预计每年将增加1100万人。受弱势就业影响最大的两个区域为南亚和撒哈拉以南非洲地区。

再次，工作贫困的下降速度减缓，对实现可持续发展目标中所设定的脱贫前景造成威胁

2016年工作贫困的问题依然存在，南亚接近一半的工作者以及撒哈拉以南非洲地区近三分之二的工作者都生活在极度或中等工作贫困之中（按购买力平价计算，日生活费用不足3.10美元）。长期以来，工作贫困率一直在下降，该趋势预计在2017年将持续。在新兴和发展中国家，处于中等或极度贫困的工作者所占份额预计从2016年的29.4%下降至2017年的28.7%。不过，工作贫困率下降的速度正在减缓。

近年来，工作贫困人口的绝对数字也在下降，但是下降的速度也在减缓，而在发展中国家，这一数字处于上升状态。新兴国家中工作性贫困率以及工作贫困人口双双快速下降，但在发展中国家中，下降速度一直过于缓慢，以至于无法赶上就业的增长。因此，在未来两年中，发展中国家日收入低于3.10美元的劳动者人数预计将增加约300万人。

最后，机会的不平等和社会不满情绪持续存在

在总体劳动力市场和社会趋势的背后存在着不同人群之间的差距，而且通常是较大的差距。其中，尤为值得关注的是劳动力市场机会方面的性别差距，这种差距存在于许多领域。例如，在北非，2017年女性劳动力失业的可能性为男性劳动力的两倍。在阿拉伯地区，这一差距更加触目惊心，该地区女性劳动力失业的可能性为男性劳动力的两倍以上，其差距超过12个百分点。在非洲、亚洲和太平洋地区以及阿拉伯国家，女性的弱势就业比例一直比男性更高。例如，在南亚，2016年接近82%的妇女处于弱势就业之中，而男性的弱势就业率仅为比72%多一点。

劳动力市场中的性别差距也体现在报酬的性别差异上。正如近期国际劳工组织出版的《2016—2017年全球工资报告》中所强调指出的，时薪的性别差距目前已经

高达40%（如阿塞拜疆、贝宁），尽管许多国家在男女同工同酬的立法方面已经取得进展，但工资性别差距持续存在。

与此同时，考虑到全球不确定性的加深，社会动荡或社会不满风险在几乎所有区域均有所加重。根据国际劳工组织创建的旨在反映各国对社会经济状况不满外在表现的社会动荡指数，在2015年至2016年间，全球平均社会动荡形势有所加深。事实上，在2015年至2016年期间，11个区域之中有8个区域的社会不满指数都出现了上升，这在阿拉伯国家中尤为突出。

对社会现状的不满以及体面工作机会的短缺促使人们决定移民。事实上，在2009年至2016年期间，在除南亚和东南亚以及太平洋地区以外的全球所有区域，愿意永久性移居国外的工作适龄人口所占份额均有所增加。在此期间，增长幅度最大的区域为拉美和加勒比地区，以及阿拉伯国家。总体而言，撒哈拉以南非洲地区愿意移居国外的人口所占份额是最高的，达到32%，紧随其后的区域为拉美和加勒比地区（30%），以及北非（27%）。

必须努力把政策重心放在如何克服增长的结构性障碍方面，包括不平等

近期的许多劳动力市场动态既反映了周期性因素，也反映了结构性因素——如较低的生产率增长和收入不平等的加剧——这可能会导致长期性经济停滞。据国际劳工组织估计，在长期性经济停滞加剧的情境下，在未来两年中，全球可能会额外增加100万人的失业人口。发达国家所受影响最大，而新兴和发展中国家起初会从资本流入增加中获益，但随后也将受到贸易和投资水平降低所引起的负面溢出效应的影响。

适当的政策组合至关重要。应该将那些既针对长期性经济停滞，又可解决增长的结构性障碍问题的政策融入宏观经济政策之中，并将其置于政策议程的最重要位置。据国际劳工组织估计，将各国财政空间纳入考虑范围之内，并且协调努力提供财政刺激——提高公共投资——可立即促使全球经济的增长。与基线相比，在全球范围内，这可以在2017年和2018年分别减少70万和190万失业人口。从中期来看，这样做也可以消除对低增长的恐惧，并因而提高投资需求。

展望未来，与技术发展相关的长期趋势以及相关的结构性变革也可能会对经济增长的本质产生影响。国际劳工组织在其“劳动世界的未来”倡议（Future of Work initiative）中，将更加详尽地审视上述发展动态在全球工作领域的影响，其中包括上述结构性因素对工作数量和质量的影响。

第一章　全球就业与社会趋势

全球经济前景将改善，但依然受到不确定性的拖累

2016 年的全球经济增长预计保持相对稳定，增长率为 3.1%，2015 年的增长率为 3.2%（IMF，2016a）。自 2008 年以来，这场旷日持久的经济衰退存在几个影响因素，其中包括经济展望方面的全球不确定性的持续存在，以及出现了一系列的潜在政策转变（如利率变动），这些因素抑制了投资和贸易，并进而压低了总需求（专栏 1）。不过，2017 年和 2018 年的经济增长预计将略有回升，增长率预计分别达到 3.4% 和 3.6%。这一增长趋势的主要推动因素是新兴国家的预期改善，尤其是巴西和俄罗斯，这两个国家 2016 年经济出现严重萎缩，拉低了经济增长。此外，大宗商品出口商所遭受的严重的贸易条件（terms－of－trade）的负面冲击可能会出现反转，而资本流入的增加应该会对支持经济状况的改善提供助力。

专栏 1

全球增速放缓的驱动因素有哪些？

促使经济增长减缓的几个因素持续存在。对于当前经济状况和中期展望而言，私人投资受到抑制和贸易往来的减弱一直是尤为令人关切的重要问题。投资和贸易的下降趋势在总需求方面形成了巨大缺口，由于财政支出紧张的掣肘，这一缺口是无法通过公共支出完全得以弥补的；同时，由于就业低迷和劳动力收入增长疲弱，这一缺口也不可能通过私人消费来补足。此外，当前放弃投资会导致生产性股本降低，并造成未来的生产率增长减缓，从而降低收入增长。

- 疲弱的生产力增长和投资增长是相互加强的：在一些大型经济体中，政策不确定性加剧了生产率增长的放缓和总需求减弱的状况，而这将进一步抑制私人投资，这种情况在发达国家表现得更为明显。大宗商品价格低迷可能将持续抑制采掘行业中的私人投资；而在中国，一些高度资本密集型行业的产能过剩有可能会限制投资增长。此外，在阿拉伯世界中的石油出口国以及受到经济危机冲击的新兴国家（如巴西和俄罗斯），紧缩性财政政策可能会导致上述国家公共投资的进一步缩减。
- 贸易减速持续存在：由于总需求依然疲弱，尤其是贸易密集性更强的部分，2017 年不太可能实现贸易量的增长。2016 年全球货物和服务贸易量的增长率估计仅为 1.2%，这是自 2009 年以来的最低增长率，在近些年来的贸易增长率中排名倒数第三位。

资料来源：UN DESA，即将公布。

对于发达国家来说，预计经济增长前景也将向好，尽管其预测增长率仍然保持在2%以下。2016年，这些经济体的经济增长率从2015年的2.1%总体下降至1.6%，但是预计将于2017年增至1.8%（相比之下，2000—2007年发达经济体的经济增长率的平均值接近3%）。2016年增速的减缓在一定程度上受到美国和欧洲的表现不及预期的影响。在上述两种情况下，对于其未来经济展望的预期改善依然存在某种程度的不确定性，这可能会对全球前景产生更加广泛的影响。

体面工作赤字依然广泛存在

鉴于2016年全球经济表现令人失望且未来展望低于趋势水平，在削减体面工作赤字方面的进展出现停顿，尤其是在有关全球经济产生足够数量的工作岗位、为工作者改善工作质量，以及确保增长收益能够以具有包容性的方式得到共享的能力方面（表1）。特别值得一提的是，我们发现了如下趋势：

- **由于新兴经济体失业率的增长，全球失业率正在上升：**全球失业水平和失业率预计将保持在较高的水平，而且随着全球劳动力规模的持续增长，在中期不太可能回落至危机前的水平。尤其是，2017年的全球失业率预计将小幅上升至5.8%——即与2016年相比，全球失业人口增加了340万人（2017年的全球失业人口达到2.011亿人）。之后，预计全球失业率将随着经济前景的改善，在2018年保持相对稳定，但是劳动力增长的速度依然超过就业创造的速度，这将额外产生270万失业人口。2017年全球失业水平和失业率的提高是由发展中经济体劳动力市场状况恶化所推动的，其失业人口在2016年至2017年间增长了360万人（在此期间，总体失业率预计将攀升至5.7%，而2016年的失业率为5.6%）。与此相比，发达国家的失业人口预计将减少67万人，从而使失业率回落至6.2%。2017年，发展中国家的失业水平预计将有所提高（失业人口增加45万），2017年（和2018年）的失业率预计将徘徊在5.5%左右。

表1

2007—2018年有关失业、弱势就业和工作贫困的趋势和预测

国家群组	失业率，2007—2018年（%）				失业人口数，2016—2018年（百万人）		
	2007—2015年	2016年	2017年	2018年	2016年	2017年	2018年
全球		**5.7**	**5.8**	**5.8**	**197.7**	**201.1**	**203.8**
发达国家		6.3	6.2	6.2	38.6	37.9	38.0
新兴国家		5.6	5.7	5.7	143.4	147.0	149.2
发展中国家		5.6	5.5	5.5	15.7	16.1	16.6
	弱势就业率，2007—2018年（%）				弱势就业人口数，2016—2018年（百万人）		
	2007—2015年	2016年	2017年	2018年	2016年	2017年	2018年
全球		**42.9**	**42.8**	**42.7**	**1396.3**	**1407.9**	**1419.2**
发达国家		10.1	10.1	10.0	58.1	58.2	58.1
新兴国家		46.8	46.5	46.2	1128.4	1133.6	1138.8
发展中国家		78.9	78.7	78.5	209.9	216.1	222.3
	极度和中等工作贫困率，2007—2018年（%）				极度和中等工作贫困人口数，2016—2018年（百万人）		
	2007—2015年	2016年	2017年	2018年	2016年	2017年	2018年
新兴国家和发展中国家合计		**29.4**	**28.7**	**28.1**	**783.0**	**776.2**	**769.4**
新兴国家		25.0	24.3	23.7	599.3	589.9	580.3
发展中国家		69.0	67.9	66.7	183.6	186.31	89.0

注：在本报告中，2017年和2018年的数据为预测数据。工作贫困率是指处于极度或中等贫困（即，日人均收入或消费低于3.10美元）中的就业人口所占比例。请参见附录A中按区域、国家和收入划分的类别列表，了解详情。

资料来源：ILO's Trends Econometric Models，2016年11月。

专栏 2

体面工作在消除贫困中的作用

《2016 年世界就业与社会展望——实现工作转型与消除贫困》（ILO，2016a）中曾详细指出：实现工作的转变以消除贫困及解决体面工作赤字是消除所有形式贫困的一项必要条件。于 2016 年通过的“2030 年可持续发展议程”确定了第一个可持续发展目标（SDG1）：“在全世界消除一切形式的贫困”，在一年之后的今天，这一目标值得进一步强化。

首先，贫困的一个潜在的长期特性是就业质量不佳的长期存在。在新兴国家和发展中国家，弱势就业群体的极度贫困率为工薪者的三倍。与此相似，在发达国家中，就业条件不稳定的工作者比那些拥有稳定工作的工作者更容易陷入贫困。

其次，问题的核心在于穷人可以获得的收入来源范围有限。在发展中国家，穷人主要依赖其劳动力收入，很少有机会从社会转移支付中受益。与此同时，在许多发达国家，社会转移支付在抵消不稳定就业导致的劳动力收入相对下降方面的作用有所减弱。

最后，经济增长本身不足以消除贫困。这在一定程度上是由于自然资源财富的不公平转移，以及来自于农业这一集中了全球大约三分之二贫困工作的行业与出口导向型行业之间的脱节。即便这二者之间保持着相对较好的联系，体面工作也无法得到保障，随着经济的增长，收入不平等现象通常会加剧。

资料来源：ILO，2016a。

- *弱势就业的形式，即个体工作者和无报酬家庭帮工这两种形式，依然普遍存在。*处于弱势就业的工作者通常受到高度不稳定性的影响，因为他们获得贡献型社会保障计划的机会较为有限（而工薪者则通常都有这类社会保障计划）（ILO，2015a）。[①] 重要的是，在未来数年中，预计处于弱势就业的工作者的比例仅会出现小幅上涨，然而劳动力规模将会扩大，这意味着处于弱势就业的实际人数将会增加。值得一提的是，在未来的两年，弱势就业在总就业中所占份额预计每年的下降幅度在 0.2 个百分点以内；而在 2000 年至 2010 年间，该份额的平均年下降幅度为 0.5 个百分点。因此，弱势就业所占份额在未来的数年中预计将保持在 42% 以上，2017 年全球范围内的弱势就业人口超过 14 亿人。尤其是，新兴国家中几乎一半的工作者仍然处于弱势就业，而发展中国家中几乎五分之四的工作者属于此就业类别。因此，处于弱势就业的工作者总人数预计将每年增加 1100 万人。这将带来严峻的挑战，因为这些工作者与那些工薪者相比，参与社会对话的机会更少，获得安全的、收入稳定的工作以及参与社会保障的可能性更小。
- *工作贫困持续下降，但是进展停滞：*预计工作贫困将持续长期下降的趋势，其推动因素为新兴国家和发展中国家工作贫困的减少，从 2016 年占就业人口的 29.4% 下降到 2017 年的 28.7%（按照极度和中等贫困的衡量标准，即按购买力平价计算的日生活费用在 3.10 美元以下）。[②] 由于工作贫困率一直持续下降，工作贫困人口数绝对值的下降正在减缓（见表 1）。2016 年，新兴和发展中经济体中的工作贫困人口总数达到 7.83 亿人，这一数字在 2017 年预计将下降到 7.76 亿人。新兴国家目前正在经历工作贫困人口和工作贫困率的快速下降，而发展中国家的进展则过于缓慢，无法跟上人口和就业增长的速度。因此，在 2018 年之前，发展中国家日收入在 3.10 美元以下的工作者人数预计将每年增加近 300 万人。这种情形为实现可持续发展目标，尤其是可持续发展目标 1（SDG1）中所制定的消除贫困的宏伟目标带来了困难（专栏 2）。

---

① 这并不意味着工薪者绝对不会进入不稳定的就业环境之中。

② 在本报告中，工作贫困数据是按照购买力平价的口径给出的。

女性依然面对劳动力市场机会的不平等

在上述所有劳动力市场和社会趋势背后发挥作用的因素是不同人口群体之间的差异，而且这种差异通常是巨大的（ILO，2016b and 2016c）。劳动力市场机会中的性别差异受到了人们更多的关注，这种差异贯穿在几个领域之中，并持续存在（专栏3）。在许多情况下，女性的参与率远远低于男性，而且即便在女性参与的情形下，女性面临失业或者进入更加弱势的就业形式的可能性更大。事实上，在非洲、亚太地区和阿拉伯国家，女性的弱势就业比例一直比男性更高。造成这一趋势的一个主要原因是，女性工作者从事无报酬家庭帮工工作的比例过高，她们通常承担着过多的无报酬看护和家务劳动（ILO，2016b）。[①] 因此，由于女性的劳动力参与率较低、失业率较高且进入弱势就业形式的可能性更大，她们通常更少拥有被纳入社会保障范围（其中包括失业保障、养老金和生育保障）的资格。

劳动力市场产出对女性的不公平在阿拉伯国家、北非和南亚最为突出。在上述地区，社会文化因素影响着女性的劳动参与情况（见第二章）。例如，在北非，预计2017年参与劳动力市场的女性面临失业的可能性为男性的两倍。在阿拉伯国家，这种差距更加明显，2016年女性面临失业的可能性为男性的两倍以上，差距超过12个百分点。亚洲的女性劳动参与率也处于最低的范围之内（为28.5%），该地区接近82%的女性工作者处于弱势就业。事实上，在全球范围内，南亚的女性弱势就业率是最高的，撒哈拉以南非洲则紧随其后。

劳动力市场上的性别差距还包括男性和女性在全部职业级别以及行业中的报酬差距。根据国际劳工组织的《2016—2017年全球工资报告》（ILO，2016d）的详细介绍，在大多数国家，尽管同工同酬在法律方面取得了进展，但是时薪的性别差距持续存在。据该报告估算，各国不同性别之间的时薪差距变化很大，某些国家的这

专栏3

就业的性别维度

全球女性的职业领域受到一系列维度的影响，但是有两个相互关联的维度最为突出。第一个是按性别的劳动分工，这从职业隔离和工资差异中可以体现出来，并造成了女性在劳动力市场中所面对的不平等现象。女性往往挤入范围狭窄的职业和行业之中，她们在其中从事的低收入和低质量工作岗位的比例过高。在某种程度上，这种隔离导致了男性和女性之间收入上的巨大差距——而那些被认为是由女性所主导的职业总是被低估，从而使该职业中的男性和女性的工资都受到负面影响。

第二个维度是社会文化规范和传统思维定式。这些规范和思维定式塑造了性别角色，认为女性在劳动力市场中具有某些限制性特征和能力。尽管教育和技能方面的进步必然会引导女性在劳动力市场中的参与度和偏好，但这些规范通过为劳动力市场中所存在歧视的辩护，强化了现有的不平等现象。鉴于女性承担更多的无报酬看护和家务劳动，这些僵化的性别角色不仅会影响女性和男性所从事工作的类别，还会影响他们的工作量。

上述维度之间的相互作用导致了在体面工作机会方面的性别差距的持续存在。在此方面，女性所面临的挑战为应对上述就业维度而有针对性地制定并设计巧妙政策提供了机会。在2017年6月国际劳工大会期间召开的国际劳工组织的工作世界峰会（World of Work Summit）上，会对这些问题以及更多其他问题进行深入讨论和详尽阐述。

---

① 女性所提供的无报酬看护工作可能是男性的两倍。

一差距为零，而阿塞拜疆则超过了40%。不过，上述薪酬性别差距的“原始”数值通常很难解读，因为性别维度包含的范围较广（专栏3），而这些性别维度对男性和女性的劳动力市场特征的影响是全然不同的。此外，由于女性从事低工资工作的比例过高，工资性别差距被进一步放大，这增加了女性陷入贫困的风险，也是造成女性在工作贫困人口中比例过高的因素之一。

此外，在女性就业取得进展的地方，总是存在其无法做到与男性进展保持同步的现象。有一些迹象表明，差距正在扩大。因此，这些趋势凸显了加大力度改善女性获得劳动力市场机会的必要性。为女性提供更多体面工作机会和社会保障，对于弥合劳动力市场中持续存在的性别差距以及在实现可持续发展目标方面取得进步，发挥着根本性的作用。减少上述不平等现象将不仅有助于实现性别平等方面的可持续发展目标（SDG5），还有助于实现减少贫困和不平等方面的目标（SDG1和SDG2），以及经济增长和体面工作方面的目标（SDG8）。

对社会经济状况的不满情绪日渐增长

作为对当前全球不确定性以及重大经济挑战的回应，社会动荡风险或不满情绪几乎在所有地区均有所增强。事实上，基于国际劳工组织的社会动荡指数（衡量各国对社会经济状况所表达出的不满情绪），全球平均社会动荡指数在2015年至2016年期间提高了0.7分，达到22.4分（见图1）。[①] 尽管这一水平低于危机后的峰值，但仍然高于自1980年以来21.9分的长期平均值。在区域发展方面，仅有三个区域在2015年至2016年期间出现了下降，其中最为突出的是北非。相比之下，八个区域出现了增长，其中增幅最大的增长发生在阿拉伯国家，其次为撒哈拉以南非洲地区和东亚。然而，区域平均值常常会掩盖各国之间的巨大差异。例如，拉美和加勒比地区的平均指数仅出现小幅上涨，但巴西的上升幅度却相对较大（5.5分）。尽管劳动力市场问题远非社会动荡的唯一驱动因素（其他因素还包括个人自由、生活水平和民主化进程），但它是一个重要的组成部分。

对社会现状的不满以及体面工作机会的缺乏是人们决定移民的考虑因素。[②] 根据最新的估算，2013年全球的国际移民人数超过2.32亿人，其中有2.07亿人为劳动适龄人口（ILO，2015b）。其中，大约三分之二的移民（约1.5亿人）为移民工作者，占全部工作者的约4.4%（同上）[③]。

几乎二分之一的移民工作者生活在高收入地区，尤其是北美、北欧、南欧和西欧。据估计，北美和上述欧洲地区分别承接了全部移民工作者的大约20%和16%。阿拉伯国家移民工作者的份额最高，在该地区的移民工作者在全部工作者中的占比达到了35.6%。在其他地区，如东欧、东南亚和太平洋地区，该份额就大大降低，占比分别为9%和8%以下。

在未来的十年中，国际移民的人数可能会持续增长。事实上，在2009年至2016年期间，愿意长期移居国外的劳动适龄人口所占比例在全球几乎所有地区都有所增加，只有南亚以及东南亚和太平洋地区除外（见图2）。2016年，在失业率增

① 该指数用0—100来衡量（其中，100表示剧烈的社会动荡）。

② 当然，还有越来越多的人出于其他原因而选择移民，其中包括但不限于人道主义原因、武装冲突的存在、自然灾害、地缘政治紧张局势，以及文化少数族裔在其原居住地国家遭受迫害。

③ 移民工作者是指那些目前在其现居住国拥有工作、失业或者寻求工作的国际移民。

图 1

2015—2016 年社会动荡指数的变化

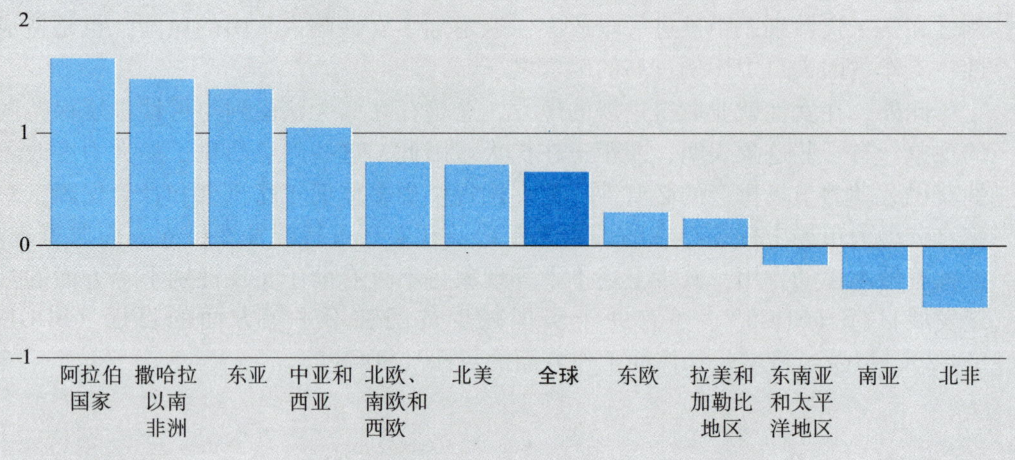

注：该图所呈现的是 2015—2016 年期间社会动荡指数的加权平均数，按照国际劳工组织的区域划分。社会动荡指数基于抗议事件在所有事件中所占比例，采用全球事件、语言和音调数据库（GDELT）分类，其数值在 0（低）和 100（高）之间。如需了解有关该指数及其计算的详细信息，请参阅附录 B。

资料来源：ILO 基于 GDELT 全球事件数据库的计算，2016 年 11 月。

图 2

2009 年和 2016 年长期移居国外的平均意愿

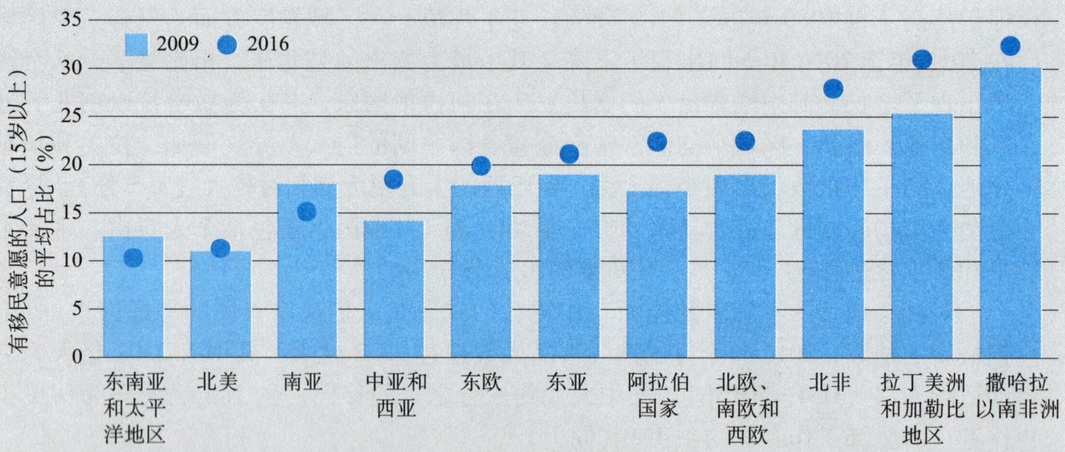

注：所提出的问题如下："在理想情况下，如果你有机会，你是愿意长期移居他国，还是更愿意继续留在本国?"该图涵盖了回答"愿意移居其他国家"的受访者所占百分比。区域数字反映了一个区域内愿意长期移居他国的人口所占的平均份额。同样，不应将此类数字解读为人们迁出该地区的倾向，而应将其理解为人们移居国外的平均倾向，不管其目的地是另外一个区域，还是同一区域内的另外一个国家。

资料来源：ILO 基于盖洛普分析的计算，2016 年。

加且发展增速减缓的国家和地区中，人们移居国外的意愿增长最为显著。相对于 2009 年，增长最为显著的区域是拉美和加勒比地区，以及阿拉伯国家。总体而言，撒哈拉以南非洲地区愿意移居国外的人口的占比最高，达到 32.1%，拉美和加勒比地区以及北非紧随其后，分别为 30% 和 27%。我们发现，在移居国外的倾向性强度排行中位居第四的为北欧、南欧和西欧地区适龄劳动人口中的高收入者。与此相反，北美以及东南亚和太平洋地区的移民倾向最低，这两个地区愿意长期移居国外的劳动适龄人口占比分别为 11% 和 10%。

需要通过一种综合性的方法来应对周期性因素和结构性因素，进而以可持续的方式改进劳动力市场和社会成果

正如以上所讨论的，全球经济活动的持续衰退是由于主要经济变量低于预期表现造成的（见专栏 1）。不过，自从全球经济危机爆发以来，一直存在一种总体水平的不确定性——通常难以量化评估——这也是一个核心因素。例如，在预测 2017 年的 GDP 时，近年来的预测值一直被下调（见表 2）。在 2012 年至 2014 年期间，对 2017 年所做出的增长预测均超过 4%，但是最近的预测为 3.4%。造成这种情况的主要原因当然是导致经济增长下行的冲击，但是这也提出了一个问题，即在这种情况的背后是否还存在着其他问题；比如，潜在的增长出现回落可能是由于结构性问题造成的。这对于实现可持续发展目标而言可能会产生重要的影响，特别是对于 SDG1 和 SDG8，但影响并不限于这两项目标，对整个就业领域都会产生重大影响。

表 2

在之前每年 10 月份国际货币基金组织公布的《世界经济展望》中均包含对 2017 年增长的预测（《世界经济展望》年份，%）

2012 年	2013 年	2014 年	2015 年	2016 年
4.6	4.1	4.1	3.8	3.4

资料来源：国际货币基金组织《世界经济展望》数据库（多个年份的版本）。

有几个因素可以解释潜在增长的减速。第一个因素是，近几年疲弱的贸易增长似乎并不完全是周期性的。与 2000—2008 年相比，自 2009 年以来，全球供应链的集约化显著放缓（Timmer et al.，2016），这说明贸易量和全球生产彼此之间的脱节情况可能日益严重（Hoekman，2015）。因此，由于全球供应链的集约化，发达国家的潜在生产力提高幅度较小，而发展中国家从创新和技术扩散以及优质进口产品中获益的可能性也在缩小。

此外，发达国家在连续数年经历低增长的同时，也经历了极低的利率和通胀率——以及非常宽松的货币政策。萨默斯（Summers，2016）认为，这些是长期性经济停滞的表现，其中会出现投资需求低于储蓄供给的情况。造成这一情况的原因在于结构性因素，可能还存在更重要的原因，包括但不限于不平等程度的上升、劳动力收入增长乏力、劳动力增长减缓，以及新经济要求较低的实物资本等等。因此，较低的投资水平看似周期性地拖累了经济增长，但实际上是由上述结构性因素造成的。此外，长期性经济停滞背后的原因以及潜在增长的减缓，在金融危机爆发之前业已存在（Summers，2016；IMF，2015）。

如果长期性经济停滞（即，消费和投资需求较低）加剧的话，2017 年的全球失业人口将额外增加 30 万人，而 2018 年这一数字将达到 100 万人（见图 3）。在这种情境下，发达经济体受到的影响将最为突出，而新兴国家和发展中国家起初将从资本流入量上升中获益，但随后也将在较低的贸易和投资水平所引发的负面溢出效应的影响下面临不利局面。

但是，协调良好的财政宽松政策的实施将使全球经济立即强力启动，从中期来

图 3

2017 年和 2018 年不同情境的净失业影响

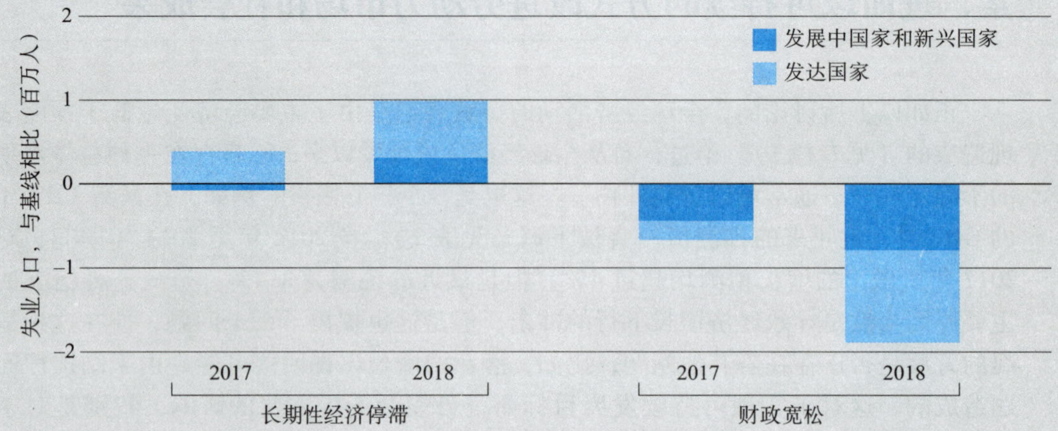

注：本图展现了两种情境，即（1）长期性经济停滞恶化产生的净就业影响；（2）财政宽松所产生的净就业影响，并与针对 2017 年和 2018 年的基线预测进行对比。如需有关假设条件和方法论的更多详情，请参阅附录 B。

资料来源：ILO Trends Econometric Models，2016 年 11 月；Oxford Economics global scenario service，2016 年 10 月可获取数据。

看，这可能会消除对低增长的恐惧，并因而提高投资需求。这一情境假定公共投资支出出现增长，但重要的是，该情境也将各国的财政空间考虑在内。在此情境下，全球失业率相对于基准预测值会有所降低，在 2017 年减少 70 万失业人口，而 2018 年这一数字将达到 190 万（见图 3）。

以公平和包容性的方式推动经济增长需要采用多层面的政策方法。这种方法可以解决长期性经济停滞的根源性原因（如不平等），同时也将各国的具体情况考虑在内。重要的是，这不仅仅关乎增长水平，还关乎如何确保收益的公平分配，从而实现公平和增长之间的相辅相成。例如，设计完善并协调良好的财政宽松政策可以推动全球经济进入一个总需求实现自我维持（经济和环境）的循环增长。实现可持续发展目标，尤其是 SDG8（促进实现充分的生产性就业，以及人人获得体面工作）的长期收益将产生重大的社会效益，同时也将为增强全球经济并使其再次达到均衡而贡献力量。

展望未来，与技术发展和相关结构性变革相关的长期趋势也可能会对经济增长的性质产生影响。在其“劳动世界的未来”倡议的背景下，国际劳工组织将更加详尽地审视上述发展情况在就业领域的影响，其中包括上述结构性因素对工作的数量和质量的影响。

第二章　按区域划分的就业与社会趋势

鉴于我们在第一章中所描述的劳动力市场和社会成果的异质性，本章将对区域内以及跨区域的经济和劳动力市场最新发展，以及短期就业和社会展望进行评估（见附录 A，国际劳工组织按区域、国家和收入划分的列表）。

非洲

与非洲大陆过去十年间所取得的平均增长率相比，当前的非洲经济增长相对疲弱。2016 年，该地区经济的预估增长幅度仅为 2%。展望 2017 年，预计经济前景将有所好转，2017 年和 2018 年的增长率将达到 3.4% 和 3.8%（这至少在一定程度上取决于大宗商品价格的回升）。在北非和撒哈拉以南非洲地区，确保增长更加具有包容性的需求持续存在，尤其是在那些大宗商品出口导向型经济体中。事实上，在最近的经济强劲增长期内，尤其是在撒哈拉以南非洲地区，在工作质量方面未能达到与此相称的改善。近期经济增长疲弱，在此大背景下，要克服体面工作赤字方面的挑战将尤其困难。今后，增强大宗商品出口以外的经济多元化不仅将对提高外部弹性能起到支撑作用，而且在对人们进行技能培养的前提下，还可以提供促进体面工作的改善以及减少贫困的途径。

在当前的背景下，现行经济条件可能只能带来劳动力市场的小幅改善（见表 3）。非洲大陆 2017 年的失业率总体而言可能会保持 2016 年 8.0% 的水平不变，由于劳动力规模迅速扩大，这一比例相当于新增了 120 万人的总失业人口。在弱势就业方面，我们观察到一个类似的趋势，那就是失业率略微下降，但处于弱势就业的工作者人数却有所增加。与此同时，尽管极度工作贫困人口（即日生活费用低于 1.90 美元的个人）略有下降，但是在撒哈拉以南非洲地区趋势的影响下，该地区在缓解工作贫困（即日生活费用在 1.90 美元和 3.10 美元之间）方面的表现不佳。

表 3

2007—2018 年非洲的失业、弱势就业和工作贫困的趋势和预测

国家/地区	失业率，2007—2018 年（%）				失业人口数，2016—2018 年（百万人）		
	2007—2015 年	2016 年	2017 年	2018 年	2016 年	2017 年	2018 年
非洲		**8.0**	**8.0**	**8.0**	**37.1**	**38.3**	**39.4**
北非		12.1	12.0	11.9	9.0	9.1	9.2
撒哈拉以南非洲		7.2	7.2	7.2	28.0	29.1	30.1
南非		25.9	26.0	26.3	5.4	5.5	5.6
	弱势就业率，2007—2018 年（%）				弱势就业人口数，2016—2018 年（百万人）		
	2007—2015 年	2016 年	2017 年	2018 年	2016 年	2017 年	2018 年
非洲		**62.6**	**62.5**	**62.4**	**268.2**	**275.7**	**283.3**
北非		32.4	32.1	31.8	21.2	21.5	21.7
撒哈拉以南非洲		68.0	67.9	67.8	247.0	254.2	261.6
	极度工作贫困率，2007—2018 年（%）				极度工作贫困人口数，2016—2018 年（百万人）		
	2007—2015 年	2016 年	2017 年	2018 年	2016 年	2017 年	2018 年
非洲		**29.3**	**28.2**	**27.1**	**125.3**	**124.1**	**122.8**
北非		5.3	5.3	5.2	3.5	3.5	3.5
撒哈拉以南非洲		33.6	32.3	30.9	121.9	120.6	119.2
	中等工作贫困率，2007—2018 年（%）				中等工作贫困人口数，2016—2018 年（百万人）		
	2007—2015 年	2016 年	2017 年	2018 年	2016 年	2017 年	2018 年
非洲		**28.3**	**28.7**	**29.0**	**121.2**	**126.4**	**131.6**
北非		18.6	18.4	18.0	12.2	12.2	12.3
撒哈拉以南非洲		30.1	30.5	31.0	109.0	114.1	119.4

注：弱势就业率是指个体工作者和无报酬家庭帮工在总就业人口中所占比例。中等贫困率和极度贫困率分别指日收入或消费在 1.90 美元和 3.10 美元（按购买力平价计）之间，以及低于 1.90 美元（按购买力平价计）的工作者所占份额。

资料来源：ILO Trends Econometric Models，2016 年 11 月。

北非

2016 年北非经济的预估增长率为 2.8%，低于 2015 年的 3.5%。大宗商品价格低迷对该地区的大宗商品出口国影响十分巨大，同时能源补贴也使公共财政不堪重负。该地区石油进口国（埃及和摩洛哥）的增长预计将持续疲弱，其原因在于欧盟经济增长减速以及由此产生的出口下降。尽管 2017 年的 GDP 增长预计将反弹至 4.1%，但包括冲突和地缘政治紧张局势等在内的一系列因素将持续危害该地区的稳定和经济前景。例如，在突尼斯，最近发生的一些状况严重影响了该国的旅游业：该国 2015 年 1 月至 2016 年 1 月期间的旅游收入下降了一半（Ministry of Tourism，Tunisia，2016）。因此，充分推动工作引导型增长，以应对劳动力市场中更加严峻的失业问题和存在的巨大差距，将持续成为一项严峻的挑战。

图 4

2016 年差距最大的地区的失业率的性别和年龄构成（百分点）

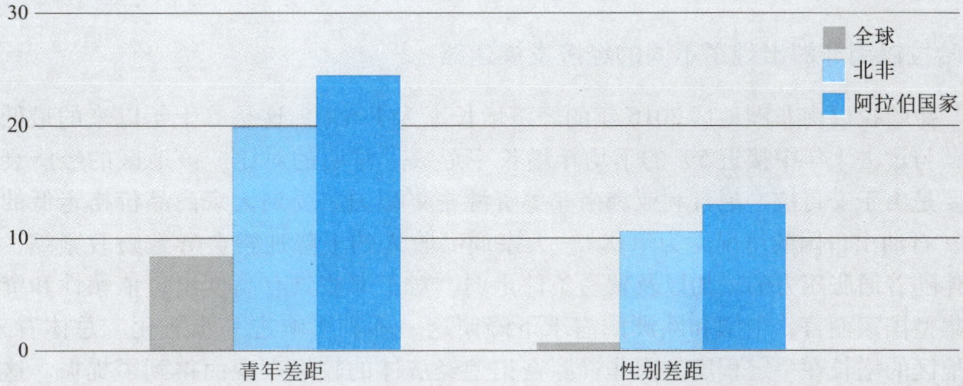

资料来源：ILO Trends Econometric Models，2016 年 11 月。

失业率居高不下，劳动力市场中的青年和性别差距持续存在

在 2016 年至 2017 年间，北非的失业率预计将略微下降，从 12.1% 下降至 12.0%，相当于 2017 年的总失业人口达到 910 万人。居高不下的失业率表明，在 2000 年至 2010 年期间所取得的进展基础上有所退步，当时失业率曾经从大约 15% 的峰值下降到 10.3% 的低点。2017 年尽管增长预期相对强劲，但预计失业率的下降幅度较小。这可能说明，某些劳动密集型出口行业对增长的贡献降低，尤其是旅游业和相关行业，同时由于财政调整导致出现公共支出的缩减（IMF，2016b）。

从中期来看，解决青年和女性的失业问题将持续成为一项特别的挑战。青年失业率比成人失业率高出三倍有余，其差距几乎达到 20 个百分点（见图 4）。与此类似，尽管受教育程度有所提高，但女性失业的可能性为男性的两倍，2017 年女性失业率预计达到 20%。失业方面的性别差距目前比 10 个百分点多一些，这说明北非的性别差距之高，在全球范围内位列第二，仅低于阿拉伯地区。此外，失业率方面较大的性别差距仅部分地反映了该地区女性所面临的劳动力市场挑战的严重程度。事实上，按照国际标准，其女性的劳动市场参与率将依然保持在极低的水平，仅为不足 23%，这仅占全球女性平均值（大约 49%）的不到二分之一，仅为男性劳动参与率（74%）的三分之一。

预计处于弱势就业的工作者人数将从 2016 年的 2120 万人增加至 2017 年的 2150 万人，而弱势就业在全球就业中所占的份额几乎达到三分之一（见表 3）。该地区的女性比男性陷入弱势就业的可能性更大，这主要是因为女性在无报酬家庭帮工中所占的比例较高。因此，2017 年该地区的女性弱势就业率预计略低于 45%，而男性的该比例为 29% 左右。

近年来，疲弱且不确定的经济条件也拖累了该地区消除贫困的潜能。事实上，生活极度贫困（即日生活费用在 1.90 美元以下）的劳动者所占比例预计在 2017 年将保持不变，为 5.3%，并且在下一个预测期内将仅仅出现轻微的变化。此外，2017 年预计有超过 18% 的就业人口生活在中等贫困之中，人数超过 1200 万人。

撒哈拉以南非洲

撒哈拉以南非洲出现了不同的经济发展道路

撒哈拉以南非洲地区 2016 年的经济增长率为 1.6%，这是二十年以来的最低水平，与过去十年中接近 5% 的平均年增长率形成了鲜明的对比。该地区的经济衰退主要是由于安哥拉、尼日利亚和南非等资源密集型国家受到大宗商品价格走低的影响（石油出口国的境况尤为堪忧）。大宗商品收入的下降通常会导致财政紧缩，同时伴随着通胀压力的增加以及贸易条件走弱。对于那些具有高度出口依赖性和资源密集型国家而言，中国和欧洲的需求下降使这一不利影响进一步恶化。总体看来，该地区的增长在一定程度上因非资源密集型经济体的较好表现而得到了提振。这些经济体得益于较低的石油进口价格，也得益于在全球融资紧缩状况下对基础设施的持续投资。对于整个撒哈拉以南非洲而言，预计 2017 年的增长率将轻微回升至 2.9%，而实现这样的增长有赖于大宗商品出口国的经济复苏，以及许多非资源密集型经济体经济增长的提速。

质量欠佳的就业在快速增长的劳动适龄人口中占主导地位

2017 年撒哈拉以南非洲的失业率预计达到 7.2%，依然保持 2016 年的水平。尽管失业率保持稳定，但由于该地区的劳动力人口增长强劲，失业人数预计将从 2016 年的 2800 万人上升至 2017 年的 2900 万人（见表 3）。不过，地区失业率并不能体现各国之间失业率的显著差距。特别值得指出的是，地区失业率掩盖了南非长期居高不下的失业率，该国 2016 年的失业率高达 25.9% 以上，并且预计还将持续上升，到 2018 年将超过 26%。

然而，在撒哈拉以南非洲，质量欠佳的就业——而非失业——依然是主要的劳动力市场挑战。由于人口的快速增长，尤其是劳动适龄人口的增长，使得这一问题变得更为复杂。例如，在未来的四年中，该地区将有 1260 万名青年加入劳动力大军。同样，如果不能为年轻人提供充足的生产性机会的话，该地区可能将面临无法从潜在的“人口红利”中获益的风险。在撒哈拉以南非洲的大部分地区，年轻人和成年人缺乏生产性机会，使得 2016 年处于弱势就业的人数达到 2.47 亿人，在所有就业人口中的占比为约 68%。尽管在未来的两年中，由于工作适龄人口的增长，弱势就业所占比例会稍有下降，但处于弱势就业的人口数量预计将增加 1460 万人。对于女性而言，前景尤为堪忧，因为女性陷入弱势就业（主要是无报酬家庭帮工）的可能性更大。女性无报酬家庭帮工的比例达到 30.6%，是男性工作者（14.0%）的两倍多。同时，在非正式的非农业就业中，女性所占比例也很高。①

极度工作贫困正在下降，而中等工作贫困却处于上升之中

与弱势就业彼此相关的问题是工作贫困。撒哈拉以南非洲地区的工作贫困率依然居高不下，2016 年总就业人口中有 33.6% 的人生活在极度贫困（即日生活费用不足 1.90 美元）之中；此外还有 30.1% 的就业人口生活在中等贫困（即日生活费用

① 2004—2010 年，撒哈拉沙漠以南非洲的非正式的非农业就业中，大约 76% 的女性属于个体经营工作者，而男性的这一比例为 58%（Vanek et al.，2014）。

在1.90美元和3.10美元之间）之中。也就是说，在撒哈拉以南非洲地区，超过2.3亿人生活在极度贫困或者中等贫困之中。令人感到欣慰的是，极度工作贫困率的下降正在超越工作适龄人口的增长，这导致了生活在贫困线以下的人口数量出现下降。不过，中等工作贫困率正在上升——预计该比例在2017年将达到30.5%，相当于在一年之中大约增加了500万中等工作贫困人口（见表3）。尽管这一数字当中包含了那些脱离了极度工作贫困的人，但仍凸显了需要一些政策，来帮助工作贫困者更加快速且持久地沿收入阶梯向上爬升。此外，由于该地区的青年工作贫困率依然位居全球第一，2016年达到接近70%，同时该地区劳动力中的青年人数正在迅速增长，所以该地区年轻人所面临的挑战是最为迫切的。

气候变化对于撒哈拉以南非洲各国的脱贫工作也构成了一个重大挑战。该地区许多贫困工作者和弱势就业群体在农业部门就业，他们中的大多数人为小自耕农，其中女性所占的比例很高。此类工作者尤其易受到外部因素的冲击，如长期气候变化所导致的极端天气和自然灾害。① 此类冲击所造成的农业生产效率的下降以及粮食安全的下降，对上述群体中的很大一部分人造成影响，加剧了其贫困风险。② 因此，实施绿色农业和经济的多元化可为该地区提供大量体面工作机会（如，可参见国际劳工组织的“绿色就业计划”），从而实现可持续发展目标。③ 从长期来看，如果不能促进体面工作机会的创造，可能会进一步促使工作者永久地离开该地区。

美洲

在过去一年中，北美以及拉美和加勒比地区的经济增长低于2016年的最初预期。对于北美而言，这意味着增长相当乏力，但对于拉美和加勒比地区，这引发了一种衰退。接下来，两个地区均希望在2017年实现经济加速。

北美

2016年加拿大和美国的增长显著放缓，但预计将于2017年出现复苏

2016年北美的增长率为1.5%——显著低于2015年实现的2.5%的增长率。2016年增长放缓的主要原因是美国的增长率出现下降：2016年美国的GDP增长1.6%，而2015年则达到2.6%。美国增速放缓，再加之大宗商品价格走低，也抑制了加拿大的增长（2016年加拿大的增长预计为1.2%，而2015年为2.5%）。

在经济表现低于预期的同时，生产效率的提高乏力，这在2016年上半年尤为突出，并进一步增加了保持较低的利率水平的压力。在投资增长依然疲弱的情况下，由于全球经济危机和不确定性所引发的风险规避情绪挥之不去，增长可能将依赖国内消费，在较小的程度上，也可能依赖出口增长的反弹。预计2017年经济增长将实现加速，该地区的预计增长率为2.2%（美国为2.2%，加拿大为1.9%）。

---

① 撒哈拉以南非洲地区大约95%的农业为旱地农业（而非灌溉农业），这一比例在全球是最高的（IMF，2016a）。

② 撒哈拉以南非洲地区超过53%的就业依赖于农业。

③ 据国际劳工组织估计，实现向更加绿色的经济转型在未来的二十年中可以新增1500—6000万个工作机会，这将使数百万工作者脱离贫困（ILO，2012）。

表 4

2007—2018 年北美地区的失业趋势和预测

国家/地区	失业率，2007—2018 年（%）				失业人口数，2016—2018 年（百万人）		
	2007—2015 年	2016 年	2017 年	2018 年	2016 年	2017 年	2018 年
北美		**5.1**	**5.1**	**5.3**	**9.4**	**9.5**	**9.7**
加拿大		7.1	7.1	7.1	1.4	1.4	1.4
美国		4.9	4.9	5.0	8.0	8.0	8.3

资料来源：ILO Trends Econometric Models，2016 年 11 月。

图 5

2007 年、2016 年加拿大和美国的长期失业率（失业 27 周或以上）（占总失业的份额，%）

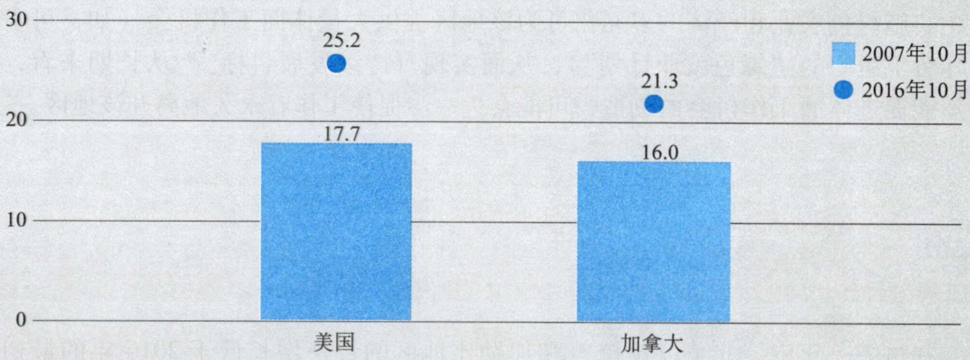

资料来源：国际劳工组织基于加拿大统计局和美国劳工统计局数据的计算。

失业率预计将稳定在现有水平，预期美国的失业率将出现小幅上升

在这两个国家中，由于工作创造率与进入劳动力市场和寻求就业的人数保持同步，失业率预计将保持相对稳定（见表 4）。预计加拿大的失业率在 2017 年和 2018 年将保持稳定，维持在 7.1% 的水平。对于美国而言，2017 年的失业率预计保持在 4.9%，2018 年将出现小幅上升，达到 5%。

长期失业率在这两个国家均保持高位

尽管在 2016 年全年，美国和加拿大均持续积极致力于就业岗位的创造，但两国依然面对的一个重要挑战，即长期失业（即失业 27 周或以上）仍旧广泛存在。在这两个国家，长期失业所占份额远远超过危机前的水平（见图 5）。对美国而言，尽管近年来长期失业率业已实现了显著下降（2010 年初，长期失业率达到 45% 以上），但是仍有超过四分之一的失业者的失业时间超过 27 周。① 在加拿大，五分之一的失业人口属于长期失业——这一数字自从 2011 年达到峰值（24%）以来，仅出现轻微下降。此外，在这两个国家中，与 2015 年中期的水平相比，长期失业所占份额保持相对稳定。在 2015 年下半年出现下降之后，加拿大的长期失业所占比例开始上升，从 2016 年 2 月的 17.6% 上升至 2016 年 10 月的超过 21%。

① 欧洲的长期失业是指失业时间达到 52 周或以上，而在加拿大和美国则是指失业时间达到 27 周或以上。

拉丁美洲和加勒比地区

2016 年，该地区在不到十年的时间里第二次陷入衰退

拉丁美洲和加勒比地区所经历的衰退导致 2016 年 GDP 缩减 0.4%，在 2015 年几乎零增长的基础上继续下降。这主要是由于巴西的经济表现不佳（其经济增长为 -3.3%），且其在该地区的影响力较大，同时对邻近的出口合作伙伴也造成影响。比如，加勒比和中美洲次区域 2016 年的增长分别为 1.8% 和 2.4%。相比之下，南美经济体的增长缩减了 1.8%。

由于大宗商品价格开始趋于稳定，并且政治及宏观经济不确定性有所减弱，该地区的中期前景看起来更加乐观。因此，拉丁美洲和加勒比地区的经济预计于 2017 年将实现正增长，达到 1.6%。

该地区的最大经济体巴西恶化的劳动力市场条件导致失业增加

预计该地区 2017 年的失业率将增长 0.3 个百分点，达到 8.4%（见表 5）。该地区失业率的显著上升主要是受到巴西的影响，该国 2016 年所经历的衰退比预期更糟，但这场衰退将于 2017 年结束。巴西 2017 年的失业率预计将达到 12.4%，比 2016 年高出几乎 1 个百分点。在未来数年中，由于劳动力人口的增长超过工作创造的速度，该地区的失业人数将继续增加。在该地区的第二大经济体墨西哥，2017 年的失业率预计保持在相对较低的水平（4%），而 2018 年由于工作创造的速度预计将落后于劳动力人口增长的速度，失业率又将出现适度上升。

表 5

2007—2018 年拉丁美洲和加勒比地区的失业、弱势就业和工作贫困的趋势和预测

国家/地区	失业率，2007—2018 年（%）				失业人口数，2016—2018 年（百万人）		
	2007—2015 年	2016 年	2017 年	2018 年	2016 年	2017 年	2018 年
拉丁美洲和加勒比地区		**8.1**	**8.4**	**8.5**	**25.1**	**26.6**	**27.1**
巴西		11.5	12.4	12.4	12.4	13.6	13.8
墨西哥		4.0	4.0	4.2	2.3	2.4	2.5
	弱势就业率，2007—2018 年（%）				极度和中等工作贫困率，2016—2018 年（%）		
	2007—2015 年	2016 年	2017 年	2018 年	2016 年	2017 年	2018 年
拉丁美洲和加勒比地区		31.9	31.9	31.9	8.0	7.9	7.8

注：弱势就业率是指个体工作者和无报酬家庭帮工在总就业中所占份额。工作贫困率是指人均日收入或消费低于 3.10 美元（按购买力平价计）的工作者所占份额。

资料来源：ILO Trends Econometric Models，2016 年 11 月。

工作质量的改善出现停滞

在 2009 年至 2014 年期间，该地区的弱势就业稳步下降。不过，这一趋势自从 2015 年开始出现减速以来，处于弱势就业之中的工作者所占份额以稳定的速度上升——在 2014 年至 2016 年间几乎攀升了 1 个百分点，从 31.0% 上升至 31.9%（预计 2018 年将维持在这一水平）。弱势就业人口预计持续增加，2018 年将超过 9300 万人，而 2015 年时这一数字为 9050 万人。

阿拉伯国家

由于海湾合作委员会国家所进行的结构性调整以及该区域其他地区旷日持久的地缘政治不稳定性，增长将保持相对疲弱的态势

在下一个预测期中，阿拉伯地区的经济展望预计将逐渐改善。然而，由于海湾阿拉伯国家合作委员会（GCC）国家进行了财政调整，以及石油价格前景的不确定性和该地区几个国家持续存在的地缘政治紧张态势，阿拉伯地区的经济将继续保持相对疲弱的水平。2016 年该区域 GDP 增长预计达到 2.5%，2015 年为 1.2%，预计 2017 年和 2018 年分别为 2.1% 和 2.5%。

近年来，增长放缓的主要原因是海湾合作委员会经济体的经济增长低迷，全球石油价格的下降对这些国家的收入、公共支出和投资造成了显著影响。因此，预计该地区的 GDP 增长于 2016 年走出低谷，2016 年的 GDP 增长率为 1.7%，而 2015 年为 3.4%。由于石油价格可能出现反弹（或者保持稳定），海湾合作委员会经济体在未来两年中的增长率将达到约 2%—3%，不过从中期看来，回到之前那十年的水平（年平均增长率为 4.5%）的可能性不大。

在非海湾合作委员会国家中，长期存在的地缘政治问题，甚至频繁的武装冲突，持续对经济活动起到抑制作用：在预测期内，GDP 增长率预计徘徊在 2% 左右。在非海湾合作委员会石油出口经济体中，尤其是在也门，安全风险持续对石油开采和相关投资构成挑战，并进而影响到中期的复苏前景。

劳动力市场前景稳定，但是海湾合作委员会国家情况的改善还需要实质性的结构性变革

劳动力市场状况预计将保持相对稳定，2016 年的地区失业率预计达到 10.7%，之后将逐渐下降，到 2018 年达到 10.5%（见表 6）。然而，依然存在较大的性别差异。2016 年，阿拉伯地区的女性失业率比男性失业率高出 13 个百分点（见图 4），同时女性的劳动市场参与率一直处于全球最低的水平，2016 年为 21.2%，而全球平均值为 49.5%。与此相反，男性的劳动市场参与率略微高于全球平均水平，2016 年达到 76.5%，而全球平均值为 76.1%。劳动力市场表现中存在的如此显著的性别差异凸显了这样一个事实，即尽管女性的受教育程度较高，但这并没有使其在就业领域中被更多的人接纳。同样地，一般而言，受教育程度的提高并未反映在劳动力市场成果的改善上，这一情况也适用于年轻人。积极参与到劳动力市场当中的年轻人失业的可能性比成年人要高出五倍，2016 年的青年失业率超过 31%，而成人失业率为 6.8%。

在海湾合作委员会经济体中，失业率预计略有上升，2017 年达到 5.6%，但在 2018 年应会出现某种程度的轻微改善（见表 6）。但是，在未来的两三年中，预计海湾合作委员会经济体的劳动参与率会下降至 63% 以下，这是自 2003 年以来首次出现这种幅度的下降。这其中仅有一小部分原因是女性参与率的下降，该比率在 2016 年为 27.6%，比地区平均值仅高出一点点。

由于公共预算紧缩可能会持续对公共部门的招聘产生限制性影响，海湾合作委员会国家的中期劳动力市场展望将严重依赖于其在私人部门推动高质量就业机会创造的潜力，尤其是针对本国国民的就业机会。事实上，海湾合作委员会国家的大部

分本国国民供职于公共部门，而非本国公民在私人领域就业中通常占据 80% 甚至更多的份额（WEF，2014）。近来，很多海湾合作委员会国家采取措施，促进私人部门的就业潜力，如制定计划来促进旅游、金融服务和医疗保健等新兴非能源行业的私有化和投资。与此同时，几个海湾合作委员会国家业已采取措施，使公司优先使用本国劳动力（如阿曼和沙特阿拉伯），和/或者为雇佣外籍工作者制造一些障碍（巴林、阿曼和沙特阿拉伯）（IMF，2016b）。

讨论非海湾合作委员会国家的劳动力市场条件是具有挑战性的，因为这些国家频繁的战争对经济活动产生破坏性影响，同时其安全状况也令人担忧。不过，非海湾合作委员会国家的失业率预计将保持在较高水平，2017 年达到 15.2%（见表 6）。这是因为伊拉克、叙利亚和也门的武装冲突所产生的溢出效应对约旦和黎巴嫩等邻近国家的劳动力市场产生了负面影响。此外，按照国际标准，非海湾合作委员会国家的劳动参与率预计将保持在较低水平，2017 年为 44% 左右——具体而言，女性的参与率为 18.3%，而男性的这一比例为 70.7%。

表 6

2007—2018 年阿拉伯国家的失业、弱势就业和工作贫困的趋势和预测

国家/地区	失业率，2007—2018 年（%）				失业人口数，2016—2018 年（百万人）		
	2007—2015 年	2016 年	2017 年	2018 年	2016 年	2017 年	2018 年
阿拉伯国家		**10.7**	**10.6**	**10.5**	**5.8**	**5.9**	**5.9**
海湾合作委员会		5.5	5.6	5.5	1.4	1.5	1.5
沙特阿拉伯		5.5	5.5	5.5	0.7	0.7	0.7
非海湾合作委员会		15.5	15.2	15.0	4.4	4.4	4.5
	弱势就业率，2007—2018 年（%）				弱势就业人口数，2016—2018 年（百万人）		
	2007—2015 年	2016 年	2017 年	2018 年	2016 年	2017 年	2018 年
阿拉伯国家		**17.8**	**17.9**	**18.0**	**8.6**	**8.8**	**9.1**
海湾合作委员会		2.7	2.7	2.7	0.7	0.7	0.7
非海湾合作委员会		33.3	33.2	33.1	7.9	8.1	8.4
	极度工作贫困率，2007—2018 年（%）				极度工作贫困人口数，2016—2018 年（百万人）		
	2007—2015 年	2016 年	2017 年	2018 年	2016 年	2017 年	2018 年
阿拉伯国家		**4.2**	**3.9**	**3.7**	**2.0**	**1.9**	**1.9**
海湾合作委员会		1.9	1.8	1.8	0.5	0.5	0.4
非海湾合作委员会		6.6	6.1	5.7	1.6	1.5	1.5
	中等工作贫困率，2007—2018 年（%）				中等工作贫困人口数，2016—2018 年（百万人）		
	2007—2015 年	2016 年	2017 年	2018 年	2016 年	2017 年	2018 年
阿拉伯国家		**17.2**	**16.9**	**16.7**	**8.3**	**8.4**	**8.4**
海湾合作委员会		5.9	5.8	5.7	1.4	1.4	1.4
非海湾合作委员会		29.0	28.2	27.5	6.9	6.9	7.0

注：弱势就业率是指个体工作者和无报酬家庭帮工在总就业人口中所占份额。中等和极度工作贫困率分别是指人均收入或消费分别在 1.90 美元和 3.10 美元（按购买力平价计）之间，以及低于 1.90 美元（按购买力平价计）的工作者所占份额。海湾合作委员会作为一个整体，是指那些属于海湾阿拉伯国家合作委员会的国家，即巴林、科威特、阿曼、卡塔尔、沙特阿拉伯和阿联酋。非海湾合作委员会是指包括伊拉克、约旦、黎巴嫩、巴勒斯坦被占领土以及也门在内的国家集团。

资料来源：ILO Trends Econometric Models，2016 年 11 月。

社会条件依然欠佳，武装冲突的区域溢出效应显著

非海湾合作委员会国家中处于弱势就业的工作者人数预计在2016年连续第四年实现增长（在总就业人口中所占比例超过三分之一）。因此，非海湾合作委员会国家中的工作贫困问题一直较为迫切。2016年，估计将近7%的工作者生活在极度贫困之中（即，日生活费用不足1.90美元），还有29%的工作者生活在中等贫困之中（即，日生活费用在1.90美元和3.10美元之间）。此外，约旦和黎巴嫩等国家还面临着一项挑战：总共接收170万名来自伊拉克和叙利亚的注册难民，这些注册难民使黎巴嫩的人口增加了四分之一，使约旦的人口增加了十分之一（Rother et al.，2016）。于是，未来的劳动力市场和社会发展将取决于这些国家对难民进行社会整合的能力。

在海湾合作委员会国家中，尽管大约7%的工作者生活在极端贫困或中等贫困之中，工作贫困仍然不是个太大的问题。此外，尽管最近采取了一些措施用以改善外籍工作者在不同公司之间的流动性问题（如卡塔尔和沙特阿拉伯），非本国国民的工作安全性依然有限，他们不能享受最低工资保障，也无法参与养老金计划，这对于其社会和/或劳动力市场整合产生了显著的负面影响（ILO，2014）。

亚洲和太平洋地区

亚洲和太平洋地区持续进行重大转型，尤其是在劳动力市场，强劲的经济增长率也同时伴随着不断展开的结构性变革。因此，从总体来看，该地区面临的挑战与工作的数量和/或失业关系不大，而是与就业的质量有关，更具体而言，就是与弱势就业和工作贫困有关。进入2017年，工作贫困率（包括极度贫困率和中等贫困率）以及绝对贫困人口数预计持续双双下降。然而，尽管弱势就业率有所下降，但弱势就业人口将增加，这主要是由人口增长所造成的。这种情况在南亚尤为明显。

中国的国内调整持续对该区域的前景产生重大影响

亚洲和太平洋地区的经济增长一直保持着相对较好的活力，2016年达到5.1%，2017年预计达到5.0%。尽管对未来五年的预测值都在5%以上，且经济预计依旧蓬勃发展，但在过去十年平均年增长率达到5.6%之后，该地区经济增长的轻微减缓在一定程度上反映出中国正在进行的向“新常态”增长模式迈进的重新调整。东亚的经济增长已从2010年的7.9%下降至2016年的4.6%（2017年的预测值为4.5%）。尽管如此，中国持续对地区出口发挥支撑作用，但是对于那些对中国具有高度出口依赖的国家而言，实现产品和出口合作伙伴多元化的压力日益增加。在这个转型过程中，印度增长加速，其2016年的增长率达到7.6%，从而帮助南亚于2016年实现了6.8%的增长率（预计该地区2017年的增长率为6.9%）。相较之下，东南亚和太平洋地区2016年的增长率为4.5%，2017年为4.7%。制造业的增长对印度近来的经济表现起到了支撑作用，这可能会帮助该地区的大宗商品出口商缓冲需求。

就业趋势反映出该地区正在进行的结构性转型

亚太地区的劳动力在全球劳动力总人口中占据接近60%的份额，其2016年的净就业人数增加了2000多万人，相当于大约1.1%的增长率，2017年的预计增长情况大致相当。大部分就业机会来自南亚，该地区在人口驱动型劳动力增长的推动下，2016年的就业人口增加了1340万。大部分此类新的就业机会是由印度创造的。东南亚和太平洋地区的总就业人口增加了大约500万，相当于1.6%的增长率，预计2017年将继续增加450万就业人口。在该次区域中，印尼和菲律宾是就业增长的主要贡献者。东亚的就业增长幅度是最小的，每年增长不足半个百分点，其主要原因为中国的劳动力增长开始萎缩。

一个区域就业增长的形式反映了该区域所发生的结构性转型，即资本和劳动力从附加值较低的行业转移至附加值较高的行业。自从2008年以来，在所有亚洲和太平洋次区域中，农业就业人口一直处于萎缩状态，而服务业和工业中就业人口的增加抵消了农业就业人口的减少。在未来的五年中，预计上述趋势将持续下去，其具体程度可能有所不同。考虑到中国的调整，该地区所发生的经济重新调整对于该地区的结构性转型产生了许多影响。中国需要找到弥补劳动力密集型制造业工作损失的替代方式，并促进服务行业的工作创造。另一方面，中国从制造业向其他行业发展的转型可能为东南亚和太平洋地区那些制造成本较低的国家提供了空间，以提高其竞争力并扩展市场范围。不过，从中期来看，这可能在很大程度上要取决于中国制造业中创新、技术采纳以及自动化的程度。

然而，同样地，较低的女性劳动参与率将依然是该地区许多国家的一项重大挑战，尤其是对于南亚国家而言更是如此。事实上，南亚的女性劳动参与率在全球所有地区中排倒数第三位，仅高于阿拉伯国家和北非。在南亚，活跃于劳动力市场的劳动适龄女性的比例仅为28.5%，女性通常更加依赖于其男性配偶来为家庭提供主要经济来源。同时，如果女性有工作，她们处于弱势就业的可能性也更大，尤其是从事无报酬家庭帮工工作（2016年，高达20%的女性为无报酬家庭帮工，而亚太地区从事此类工作的男性比例仅为不足5%）。如图6所示，2016年，在南亚所有的就业女性中有大约81.7%处于弱势就业，而该地区男性的比例为72.4%。由于东南亚和太平洋地区的女性弱势就业率也处于高位，达到54.8%，所以男性和女性之间的差距不太明显。

继续减少弱势就业和降低工作贫困的发展前景

亚太地区在全球工作贫困人口（日生活费用低于3.10美元）中所占的比例约为63.5%，而在世纪之交的时候该比例接近80%。事实上，2016年该比例为27.8%，与2000年相比下降超过37个百分点（见表7）。东亚在工作贫困率（日生活费用低于3.10美元）方面取得了最大的进展，该比率下降了超过50个百分点，2016年时达到10.7%。而进展次之的地区为：东南亚和太平洋地区，2016年下降至24.8%，下降了38.2个百分点；以及南亚，2016年下降至49.1%，下降了25个百分点。这表明，尽管取得了进步，但一些地区依然存在着极高的工作贫困率，其中南亚的情况尤为严重。此外，中国所取得的进展是东亚和亚太地区总体上工作贫困率下降的主要推动力量。这与农业生产率提升以及相应的农村脱贫成就相关。尽管正在进行的结构性转型，以及向附加值更高的行业的过渡有助于改善工作质量，但在针对最弱势群体的教育和技能培养方面进行进一步投资，依然是一个关键问题。

表 7

2007—2018 年亚洲和太平洋地区的失业、弱势就业和工作贫困的趋势和预测

国家/地区	失业率，2007—2018 年（%）				失业人口数，2016—2018 年（百万人）		
	2007—2015 年	2016 年	2017 年	2018 年	2016 年	2017 年	2018 年
亚洲和太平洋地区		**4.2**	**4.2**	**4.3**	**84.4**	**85.4**	**86.5**
东亚		**4.5**	**4.5**	**4.5**	**41.6**	**41.9**	**42.4**
中国		4.6	4.6	4.7	37.3	37.6	37.9
日本		3.1	3.0	3.0	2.0	1.9	2.0
韩国		3.7	3.6	3.7	1.0	1.0	1.0
东南亚和太平洋地区		**3.8**	**3.8**	**3.9**	**13.3**	**13.7**	**14.0**
澳大利亚		5.7	5.5	5.3	0.7	0.7	0.7
印度尼西亚		5.6	5.8	5.9	7.1	7.4	7.7
南亚		4.1	4.1	4.1	29.5	29.8	30.2
印度		3.5	3.4	3.4	17.7	17.8	18.0
	弱势就业率，2007—2018 年（%）				弱势就业人口数，2016—2018 年（百万人）		
	2007—2015 年	2016 年	2017 年	2018 年	2016 年	2017 年	2018 年
亚洲和太平洋地区		**50.1**	**49.8**	**49.4**	**959.0**	**961.6**	**963.8**
东亚		**30.9**	**30.6**	**30.3**	**276.1**	**273.4**	**270.8**
东南亚和太平洋地区		**50.8**	**50.2**	**49.5**	**171.4**	**171.5**	**171.6**
南亚		**74.8**	**74.1**	**73.4**	**511.4**	**516.6**	**521.4**
	极度工作贫困率，2007—2018 年（%）				极度工作贫困人口数，2016—2018 年（百万人）		
	2007—2015 年	2016 年	2017 年	2018 年	2016 年	2017 年	2018 年
亚洲和太平洋地区		**10.1**	**9.6**	**9.2**	**181.5**	**174.1**	**167.2**
东亚		**4.8**	**4.5**	**4.2**	**37.8**	**35.6**	**33.4**
东南亚和太平洋地区		**8.0**	**7.7**	**7.3**	**25.7**	**24.8**	**24.0**
南亚		**17.3**	**16.3**	**15.5**	**118.0**	**113.7**	**109.8**
	中等工作贫困率，2007—2018 年（%）				中等工作贫困人口数，2016—2018 年（百万人）		
	2007—2015	2016	2017	2018	2016	2017	2018
亚洲和太平洋地区		**17.7**	**17.4**	**17.0**	**317.7**	**314.7**	**311.2**
东亚		**5.9**	**5.4**	**4.9**	**46.8**	**42.4**	**38.5**
东南亚和太平洋地区		**16.8**	**15.7**	**14.7**	**53.7**	**51.0**	**48.1**
南亚		**31.8**	**31.7**	**31.6**	**217.2**	**221.3**	**224.6**

注：弱势就业率是指个体工作者和无报酬家庭帮工在总就业人口中所占份额。中等和极度工作贫困率分别指日人均收入或消费在 1.90 美元和 3.10 美元（按购买力平价计）之间，以及低于 1.90 美元（按购买力平价计）的工作者所占份额。工作贫困数据不包括区域和次区域集合中的高收入国家。

资料来源：ILO Trends Econometric Models，2016 年 11 月。

图 6

2016 年按性别和地区划分的弱势就业率（百分比）

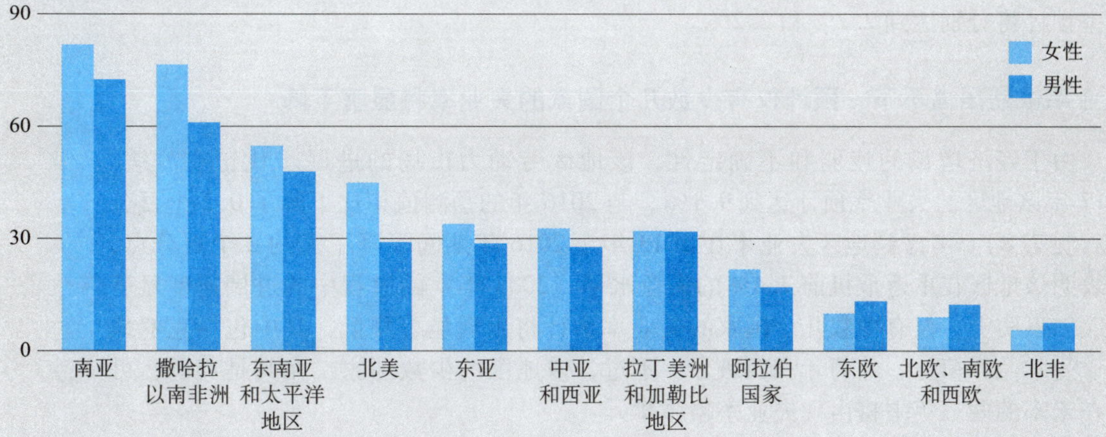

资料来源：ILO Trends Econometric Models，2016 年 11 月。

由于该地区大多数国家的制度环境有所改善，固定和/或更加正式的就业安排范围扩大了。对于那些工薪就业劳动者所占比例不足二分之一，而超过二分之一的工作者为个体工作者或无报酬家庭帮工等弱势就业人群的地区而言，出现这样的发展变化是很重要的。这并不是说没有取得进展；该地区弱势就业在总就业中所占份额从 2000 年的接近 60% 下降至 2016 年的 50.1%。然而，该地区的弱势就业率依然居高不下。例如，南亚 2016 年的弱势就业率估计达到 74.8%，东亚为 30.9%，而东南亚和太平洋地区为 50.8%。

欧洲和中亚

北欧、南欧和西欧

2016 年支撑总需求的因素目前开始减弱，这将导致预期增长放缓

北欧、南欧和西欧地区的经济活动预计将持续减缓，2017 年的 GDP 增长率预测为 1.5%，低于之前的两年；2016 年和 2015 年的增长率分别为 1.7% 和 2.1%。该地区的经济增长将于 2018 年开始加速，尽管幅度不大。几个全球性且彼此相关的力量对 2017 年的增长预期产生了很大的负面影响。首先，在整个 2016 年里，较低的能源价格曾为地区总需求提供了支持，但这一有利因素在 2017 年预计将有所减弱，因为石油价格可能会出现反弹（EC，2016）。其次，主要贸易伙伴，尤其是大型新兴市场经济体的总需求减弱，并对出口增长造成很大压力。此外，英国“脱欧”公投结果可能会动摇英国和欧洲投资者，以及金融市场对中期前景的信心。上述下行风险在欧洲央行持续采用扩张性金融政策，以及欧盟国家将提高其财政政策的增长导向的预期下，仅能得到一定程度的缓解（同上）。

在该地区中，GDP 增长下行变化最为明显的是英国。该国 2017 年的预计增长

率为 1.1%，而 2013—2016 年的平均增长率为 2.3%。德国的 GDP 增长预计也将减速，从 2016 年的 1.7% 下降至 2017 年的 1.4%。在意大利和葡萄牙，预计经济增长将依然保持停滞状态，2017 年的增长率徘徊在 1% 左右，但希腊和西班牙的经济增长率预计将分别达到 2.7% 和 2.2%。

失业率依然居高不下，预计仅有少数几个国家的失业率将显著下降

由于经济增长的疲弱和不确定性，该地区劳动力市场的进展步伐正在放缓。2017 年该地区的失业率预计达到 9.1%，与 2016 年的预测值相比下降了 0.2 个百分点（见表 8）。考虑到地区失业率在 2013 年至 2016 年期间下降了大约 2 个百分点，这表明该地区在重返危机前 7.4% 的失业水平（2008 年）的进程中的进展速度显著放缓。事实上，仅有少数几个国家的失业率预计将出现显著降低，其中包括克罗地亚、爱尔兰、荷兰、葡萄牙和西班牙。不过，该地区的少数国家，尤其是英国，可能在未来的两三年中将出现失业率略微攀升。

表 8

2007—2018 年北欧、南欧和西欧的失业趋势和预测

国家/地区	失业率，2007—2018 年（%）				失业人口数，2016—2018 年（百万人）		
	2007—2015 年	2016 年	2017 年	2018 年	2016 年	2017 年	2018 年
北欧、南欧和西欧		**9.3**	**9.1**	**8.9**	**20.2**	**19.7**	**19.4**
法国		10.0	9.8	9.8	3.0	2.9	2.9
德国		4.3	4.2	4.2	1.8	1.8	1.8
意大利		11.5	11.4	11.1	2.9	2.8	2.8
英国		4.8	5.0	5.3	1.6	1.7	1.8

资料来源：ILO Trends Econometric Models，2016 年 11 月。

劳动力市场的恢复速度缓慢，在一定程度上反映了较高水平的结构性失业。事实上，大量失业者一直感觉重返工作岗位的难度日益增加，因此，该地区大多数国家的长期失业率居高不下。例如，在欧盟 28 国中，在过去 12 个月或更长的时间内持续寻找工作的人口所占比例在 2016 年第二季度略有上升，达到失业人口的 47.8%，而 2008 年和 2012 年第二季度的比例分别为 38.7% 和 44.5%。这一群体中超过三分之二的人口处于失业状态已经超过两年，这相当于在 2016 年第二季度，欧盟 28 国中的此类失业人员达到 600 万人。与此同时，预计该地区年轻人（15 岁至 24 岁）的就业前景依然不敌成年人（25 岁及以上）。2017 年该地区的青年失业率预计仅略有下降，达到 19%，但成年人的失业率预计将下降 0.3 个百分点，达到 7.9%。

就业创造依然疲弱，而且工作质量未出现显著提升

就业增长预计也将走弱，2017 年的预计增长率仅为 0.3%，而 2014 年至 2016 年间的年平均增长率为 0.8%。因此，在未来的两三年中，该地区的就业人口比率预计将保持在 52% 左右。劳动力人口数预计将基本保持不变，该地区 2016 年的劳动参与率为 57.5%，预计在下一个预测期内将逐渐下降。

最近的工作创造模式分析证实，兼职工作正在变得日益重要。例如，在 2015 年

第二季度至2016年第二季度期间，在欧盟28国中创造的从属性岗位中几乎有22%为兼职工作，而在2013年至2015年期间，该比率仅略高于18%。因而，2015年在欧盟28国中，兼职就业在总就业中所占比例达到20.5%，高于2008年的18.2%和2011年的19.5%。在一些中欧和北欧国家，兼职就业的比例是最高的，包括奥地利（28.5%）、德国（28%）、荷兰（50.8%）和瑞典（26%）。但是，近年来兼职就业率的最大增幅出现在南欧国家。例如，在2008年至2015年期间，意大利和西班牙的兼职就业在总就业中所占比例攀升了4个百分点，甚至更多，分别达到18.5%和15.7%。

相比之下，临时合同的使用情况目前似乎已经稳定，这在一定程度上是由于许多国家近期实施了旨在降低劳动力市场临时员工和长期员工二元性的政策。截至2016年第二季度，欧盟28国的临时就业在总就业中的占比稳定在14.3%的水平。不过，在包括荷兰、葡萄牙和西班牙在内的几个国家中，该比例一直远远高于20%；而在克罗地亚和法国等国，临时就业率似乎正处于上升态势。

兼职和临时就业率的上升使许多工作者非自愿地接受这样的就业状态，因为他们无法找到全职工作或长期就业机会。截至2015年，欧盟28国中的非自愿地从事兼职工作或临时工作的工作者所占比例分别为27.5%和62.1%。值得注意的是，兼职就业在总就业中所占比例低于欧盟28国平均值的国家（如，法国、希腊、意大利和西班牙）的非自愿兼职就业率是最高的，而在那些广泛使用兼职工作安排的国家中，该比例是最低的。这表明，所提供的兼职工作的质量以及劳动力市场制度在协调工作者的偏好与雇主需求的效率，在决定工作者对待兼职就业的态度方面发挥着关键的作用。非自愿的兼职和非自愿的临时就业具有高度相关性。但是，与前者不同的是，在临时就业在总就业中所占比例相对较高的国家，非自愿临时就业率是最高的。

图7

2015年非自愿临时就业和兼职就业

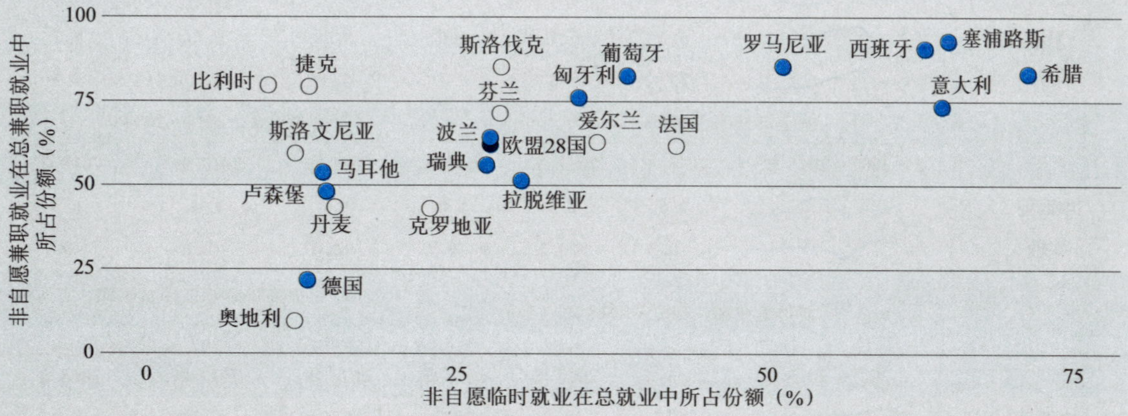

● 说明在欧盟28国之中，工作贫困率风险高于中位值。

注：德国的非自愿临时就业数据为2009年的数据，是可获得的最近的数据。在职贫困风险率是指收入在中位收入60%以下的工作者所占份额。

资料来源：国际劳工组织基于欧盟统计局的计算。

总而言之，大量工作者处于非自愿兼职就业或从事临时性工作这一事实表明，此类就业形式很少能够提供向待遇更好和更加稳定的工作过渡的机会。在该地区的许多国家，临时就业和兼职就业（尤其是后者）所提供的工资以及职业发展前景通常较低，获得社会保障的机会也少于签订全职长期合同的员工（OECD and ILO，2014；OECD，2015）。事实上，如图 7 所示，欧盟 28 国中那些非自愿兼职就业和临时就业的占比都较高的国家通常也存在较高的在职贫困率（蓝点表示欧盟 28 国中在职贫困风险值超过中位值的国家）。

东欧和中西亚

预计该地区的经济增长势头将得到重振

东欧的经济于 2015 年出现衰退之后，在 2016 年重返正增长，达到 0.8%（东欧 2015 年的衰退主要是由于俄罗斯的经济低迷，而俄罗斯在地区产出中占据较大份额，同时也是东欧和中西亚大部分国家的主要出口合作伙伴）。全球石油价格的下跌，以及来自欧盟和美国的经济制裁严重拖累了俄罗斯的经济。但是，中西亚各国也受到了同样程度的影响，其 2016 年的增长率为 2.6%，与 2015 年的 3.5% 相比有所下降。针对俄罗斯的制裁在 2017 年开始停止（至少欧盟结束了对俄罗斯的制裁），同时石油价格有所回升，这可能有助于推动该地区的经济复苏。预计 2017 年东欧和中西亚的增长率分别达到 1.9% 和 2.8%。

表 9

2007—2018 年东欧和中西亚的失业、就业和弱势就业趋势和预测

国家/地区	失业率，2007—2018 年（%）				失业人口数，2016—2018 年（百万人）		
	2007—2015 年	2016 年	2017 年	2018 年	2016 年	2017 年	2018 年
中西亚		**8.9**	**9.2**	**9.3**	**6.6**	**6.9**	**7.1**
土耳其		10.3	10.8	11.0	3.1	3.3	3.4
东欧		**6.2**	**6.1**	**6.0**	**9.1**	**9.0**	**8.7**
俄罗斯		5.7	5.8	5.7	4.3	4.3	4.2
	就业增长率，2007—2018 年（%）				劳动增长率，2016—2018 年（%）		
	2007—2015 年	2016 年	2017 年	2018 年	2016 年	2017 年	2018 年
中西亚		**1.6**	**1.3**	**1.0**	**1.7**	**1.4**	**1.3**
东欧		**-0.3**	**-0.3**	**-0.7**	**-0.4**	**-0.6**	**-0.7**
	弱势就业率，2007—2018 年（%）				极度和中等工作贫困率，2016—2018 年（%）		
	2007—2015 年	2016 年	2017 年	2018 年	2016 年	2017 年	2018 年
中西亚		**29.7**	**29.5**	**29.2**	**6.6**	**6.3**	**5.9**
东欧		**11.2**	**11.3**	**11.3**	**3.2**	**3.1**	**3.1**

注：弱势就业率是指个体工作者和无报酬家庭帮工在总就业人口中所占比例。工作贫困率是指日人均收入或消费在 1.90 美元和 3.10 美元（按购买力平价计）之间的工作者所占比例。工作贫困率不包括 20 国集团发达国家。

资料来源：ILO Trends Econometric Model，2016 年 11 月。

预期经济活动的加速将小幅带动劳动力市场的发展

由于东欧的经济增长稳定，该地区的失业率预计将逐步下降，2017 年达到 6.1%。这表明，该地区大多数国家（尤其是捷克、匈牙利和波兰）失业率的下降在很大程度上被保加利亚、罗马尼亚和俄罗斯失业率的上升所抵消。鉴于该地区的预计就业率将依然保持负增长，失业人口减少的主要原因在于：2016 年至 2018 年期间，由于移民率上升等因素，劳动力规模每年下降 0.7%。同时，处于弱势就业中的工作者所占比例预计将出现自 2009 年以来的首次上升，2016 年达到 11.2%，而 2017 年将继续攀升（表 9）。

与东欧不同，中西亚经济增长相对强劲的反弹并未伴随失业率的下降。事实上，该地区失业率预计将从 2016 年的 8.9% 上升至 2017 年 9.2%，其主要推动因素是土耳其等国失业率的上升。这一失业率的上升情况反映了次区域劳动力的相对快速增长，预计劳动力的增长将超过所创造的就业岗位数量。其主要原因在于，经济增长基于范围较窄的大宗商品部门，而该部门创造就业机会的潜力较为有限。不过，弱势就业人口比例预计将持续呈现下降趋势，2017 年该比例将保持在就业人口的 30% 以下，而十年前这一比例为 35%。

由于劳动力市场进展有限，社会进步处于停滞状态

按照国际标准，中西亚处于中等或极度贫困（即日生活费用低于 3.10 美元）中的工作者所占百分比相对较低——2016 年占工作人口比例的估计值为 6.6%（见表 9）——并预计将持续下降，但是与上一个十年相比，速度大为放缓。在非欧盟东欧国家，极度和中等工作贫困率应保持在大约 3% 的水平。但是，2015 年相对贫困率（即收入低于可支配收入中位数 60% 的人口所占份额）在欧盟所属大部分国家均有所上升，上升最为明显的是保加利亚、匈牙利和波兰，而欧盟其他地区则保持在平均水平以下。

附录 A　区域、国家和收入群体

非洲

北非
阿尔及利亚
埃及
利比亚
摩洛哥
苏丹
突尼斯
西撒哈拉地区

撒哈拉以南非洲
安哥拉
贝宁
博茨瓦纳
布基纳法索
布隆迪
佛得角
喀麦隆
中非共和国
乍得
科摩罗
刚果共和国
刚果民主共和国
科特迪瓦
吉布提
赤道几内亚
厄立特里亚
埃塞俄比亚
加蓬
冈比亚
加纳
几内亚
几内亚比绍
肯尼亚
莱索托
利比里亚
马达加斯加
马拉维
马里
毛里塔尼亚
毛里求斯
莫桑比克
纳米比亚
尼日尔
尼日利亚
卢旺达
圣多美和普林西比
塞内加尔
塞舌尔
塞拉利昂
索马里
南非
斯威士兰
坦桑尼亚
多哥
乌干达
赞比亚
津巴布韦

美洲

拉丁美洲和加勒比地区
安提瓜和巴布达
阿根廷
巴哈马
巴巴多斯
伯利兹
玻利维亚
巴西
智利
哥伦比亚
哥斯达黎加
古巴
多米尼克
多米尼加共和国
厄瓜多尔
萨尔瓦多
格林纳达
危地马拉
圭亚那
海地
洪都拉斯
牙买加
墨西哥
荷属安的列斯
尼加拉瓜
巴拿马
巴拉圭
秘鲁
波多黎各
圣基茨和尼维斯
圣卢西亚
圣文森特和格林纳丁斯
苏里南
特立尼达和多巴哥
美属维尔京群岛
乌拉圭
委内瑞拉

北美
加拿大
美国

阿拉伯国家
巴林
伊拉克
约旦
科威特
黎巴嫩
巴勒斯坦被占领土
阿曼
卡塔尔
沙特阿拉伯
叙利亚
阿联酋
也门

亚太地区

东亚
中国
中国香港
日本
朝鲜
韩国
中国澳门
蒙古
中国台湾

东南亚和太平洋地区
澳大利亚
文莱
柬埔寨
库克群岛
斐济
法属波利尼西亚
关岛
印度尼西亚
基里巴斯
老挝
马来西亚
马绍尔群岛
密克罗尼西亚联邦
缅甸
瑙鲁
新喀里多尼亚
新西兰
帕劳
巴布亚新几内亚
菲律宾
萨摩亚
新加坡
所罗门群岛
泰国
东帝汶
汤加
图瓦卢
瓦努阿图
越南

南亚
阿富汗
孟加拉国
不丹
印度
伊朗
马尔代夫
尼泊尔
巴基斯坦
斯里兰卡

欧洲和中亚

北欧、南欧和西欧
阿尔巴尼亚
安道尔
奥地利
比利时
波黑
海峡群岛
克罗地亚
丹麦
爱沙尼亚
芬兰
法国
德国
希腊
冰岛
爱尔兰
意大利
拉脱维亚
列支敦士登
立陶宛
卢森堡
前南马其顿
马耳他
摩纳哥
黑山共和国
荷兰
挪威
葡萄牙
圣马力诺
塞尔维亚
斯洛文尼亚
西班牙
瑞典
瑞士
英国

东欧
白俄罗斯
保加利亚
捷克
匈牙利
摩尔多瓦
波兰
罗马尼亚
俄罗斯
斯洛伐克
乌克兰

中西亚
亚美尼亚
阿塞拜疆
塞浦路斯
格鲁吉亚
以色列
哈萨克斯坦
吉尔吉斯斯坦
塔吉克斯坦
土耳其
土库曼斯坦
乌兹别克斯坦

发达国家和地区（高收入）

安道尔
安提瓜和巴布达
阿根廷
澳大利亚
奥地利
巴哈马
巴林
巴巴多斯
比利时
文莱
加拿大
海峡群岛
智利
克罗地亚
塞浦路斯
捷克
丹麦
爱沙尼亚
芬兰
法国
法属波利尼西亚
德国
希腊
关岛
中国香港
匈牙利
冰岛
爱尔兰
以色列
意大利
日本
韩国
科威特
拉脱维亚
列支敦士登
立陶宛
卢森堡
中国澳门
马耳他
摩纳哥
荷兰
荷属安的列斯
新喀里多尼亚
新西兰
挪威
阿曼
波兰
葡萄牙
波多黎各
卡塔尔
圣基茨和尼维斯
圣马力诺
沙特阿拉伯
塞舌尔
新加坡
斯洛伐克
斯洛文尼亚
西班牙
瑞典
瑞士
中国台湾
特立尼达和多巴哥
阿联酋
英国
美国
美属维尔京群岛
乌拉圭

新兴国家和地区（中等收入）

阿尔巴尼亚
阿尔及利亚
安哥拉
亚美尼亚
阿塞拜疆
孟加拉国
白俄罗斯
伯利兹
不丹
玻利维亚
波黑
博茨瓦纳
巴西
保加利亚
佛得角
柬埔寨
喀麦隆
中国
哥伦比亚
刚果共和国
库克群岛
哥斯达黎加
科特迪瓦
古巴
吉布提
多米尼克
多米尼加共和国
厄瓜多尔
埃及
萨尔瓦多
赤道几内亚
斐济
加蓬
格鲁吉亚
加纳
格林纳达
危地马拉
圭亚那
洪都拉斯
印度
印度尼西亚
伊朗
伊拉克
牙买加
约旦
哈萨克斯坦
肯尼亚
基里巴斯
吉尔吉斯斯坦
老挝
黎巴嫩
莱索托
利比亚
前南马其顿
马来西亚
马尔代夫
马绍尔群岛
毛里塔尼亚
毛里求斯
墨西哥
密克罗尼西亚联邦
摩尔多瓦
蒙古
黑山共和国
摩洛哥
缅甸
纳米比亚
瑙鲁
尼加拉瓜
尼日利亚
巴勒斯坦被占领土
巴基斯坦
帕劳
巴拿马
巴布亚新几内亚
巴拉圭
秘鲁
菲律宾
罗马尼亚
俄罗斯
圣卢西亚
圣文森特和格林纳丁斯
萨摩亚
圣多美和普林西比
塞尔维亚
所罗门群岛
南非
斯里兰卡
苏丹
苏里南
斯威士兰
叙利亚
塔吉克斯坦
泰国
东帝汶
汤加
突尼斯
土耳其
土库曼斯坦
图瓦卢
乌克兰
乌兹别克斯坦
瓦努阿图
委内瑞拉
越南
西撒哈拉地区
也门
赞比亚

发展中国家和地区（低收入）

阿富汗
贝宁
布基纳法索
布隆迪
中非共和国
乍得
科摩罗
刚果民主共和国
厄立特里亚
埃塞俄比亚
冈比亚
几内亚
几内亚比绍
海地
朝鲜
利比里亚
马达加斯加
马拉维
马里
莫桑比克
尼泊尔
尼日尔
卢旺达
塞内加尔
塞拉利昂
索马里
坦桑尼亚
多哥
乌干达
津巴布韦

附录 B　对劳动力市场的估算、预测和情境

该报告中所有对全球和地区劳动力市场的估算都来自国际劳工组织的趋势计量经济学模型（TEM），2016 年 11 月。国际劳工组织设计并积极地维护了此计量经济学模型，针对无法从某些国家的报告中获取的数据，可利用此计量经济学模型生成按国家和年份划分的劳动力市场指标的估算数据。这些数据可确保国际劳工组织具有生成和分析劳动力市场关键指标的全球性和地区性估算数据及相关趋势的能力。

该趋势计量经济学模型用于针对失业、就业和就业状态进行估算和预测，并酌情根据年龄和性别进行分类。该模型的输出值为 188 个国家的完整的数据矩阵。随后，可对国家层面的数据进行综合，以生成劳动力市场指标的地区性和全球性估算数据，如失业率、就业人口占总人口的比率、就业份额状态和弱势就业率。

在运用趋势计量经济学模型之前，国际劳工组织研究局的劳动力市场信息专员与国际劳工组织统计和数据库以及各地区办公室的专家合作，对现有各国汇报的数据进行评估，并精选出那些被视为利用如下标准在各国之间具有充分可比性的观察结果：（1）数据来源类型；（2）地理区域覆盖；（3）年龄组别覆盖。

- 对于第一项标准，为了把数据纳入模型中，必须借由劳动力人口调查或人口普查来获取上述数据。各个国家进行的劳动力人口调查通常十分相似，与从其他渠道获取的数据相比，从这些调查中获取的数据更具有可比性。因此，在选择过程中，往往优先考虑基于劳动力人口调查的数据。然而，对于许多没有足够资源进行劳动力人口调查的发展中国家而言，根据人口普查来报告劳动力市场信息数据。因此，鉴于需要对数据可比性和数据覆盖范围的相互冲突的目标进行平衡，故而需要在模型中加入一些基于人口普查的数据。
- 第二项标准是指，仅采用具有国家代表性（即并非限于严格意义上的地理性）的劳动力市场指标。文中并未采用与纯粹城市或纯粹农村地区相对应的观测数据，因为农村和城市劳动力市场之间通常存在巨大的差异。如若仅采用农村数据，或仅采用城市数据，都将出现与诸如 GDP 的基准性指标不相一致的情况。
- 第三项标准是指观测数据所覆盖的年龄群组必须具有针对各个国家的足够的可比性。各个国家在报告劳动力市场信息时通常涵盖各种年龄群组，因此，所选定的年龄群组可对某一给定劳动力市场指标的观测值产生影响。

除了各国所报告的劳动力市场信息之外，趋势计量经济学模型还采用了下列基准性文件：

- 联合国《世界人口前景》（2015 年修订版）中的人口估算和预测。
- 国际劳工组织《经济活动人口估算和预测》中的劳动力估算和预测。
- 国际货币基金组织/世界银行从《世界发展指标》和《世界经济展望》（2016 年 10 月数据库）中所获取的 GDP 数据（购买力平价、人均 GDP 和 GDP 增长率）。
- 世界银行依据 PovcalNet 数据库所进行的贫困估算数据。

劳动力市场指标估算

通过趋势计量经济学模型，可获得对失业率的估算值，从而填补有些国家及某些年份中缺乏国别汇报数据的缺失值。在对所有同类的失业率进行汇编之后，再针对世界不同地区，单独运行多元回归。在此过程中，按年龄和性别（年轻男性、年轻女性、成年男性、成年女性）细分的失业率，对 GDP 增长率进行回归。回归中采

用了加权法，以便纠正因报告失业率的国家与未报告失业率国家之间经常存在的差异性（在具有重要作用的数据统计方面）所造成的偏差。[①] 对于 2016 年，我们采用在完成本次《世界就业与社会展望》报告（2016 年 11 月）之前可获得的季度和月度信息，形成了一个初步估算值。

该模型还通过类似的方法，按就业状况对就业进行估测，从而计算出各国的缺失值。除 GDP 增长率以外，被用作解释变量的变量还包括 GDP 三大部门的附加值份额、人均 GDP 以及城市人口所占比例。此外，还通过其他计量经济学模型，按经济类别对工作贫困和就业形成了全球和区域估值（Kapsos and Bourmpoula，2013）。

劳动力市场指数预测

通过考察 1991 年至 2005 年期间每一个国家在危机最严重或经济最低迷期以及相应的经济复苏期间，其失业率和 GDP 之间的历史关系，可以获得失业率的预测数据。[②] 要实现这一点，需要纳入 GDP 固定效应面板回归的危机和复苏虚拟变量。[③] 具体而言，经过逻辑转换的失业率针对一组协变量进行了回归，其中包括滞后失业率、GDP 增长率、滞后 GDP 增长率，以及一组由危机虚拟变量和经济复苏虚拟变量与每一个其他变量之间交互作用组成的协变量。

根据下列条件，对三种不同组别的国家运行单独的面板回归：

（1）地理毗邻和经济/制度相似性；

（2）收入水平；[④]

（3）出口依赖程度（依照出口占 GDP 的百分比来衡量）。[⑤]

这些分组的理论基础如下。位于同一地理区域内的国家，或具有类似经济/制度特征的国家，受到危机影响的程度也可能相类似，并且在减轻危机对其劳动力市场影响的过程中，所采取的机制也相类似。由于处于同一地理区域的国家彼此间常常存在十分紧密的贸易和金融联系，因而危机可能在一个经济体产生溢出效应，从而波及其邻国（例如，加拿大经济和劳动力市场的局势与美国的局势具有密切的联系）。同样，具有相似收入水平的国家也可能有更加相似的劳动力市场机构（如社会保障措施）和实施财政激励及其他政策以应对危机影响的类似能力。最后，由于出口下降是危机从发达国家发展到发展中国家的主要传输渠道，因此根据受此渠道影响的程度，对各国进行分组。受此渠道影响的程度是根据其出口占 GDP 的百分比来衡量的。危机通过出口渠道对劳动力市场形成的影响，还取决于出口的类型（受到影响的经济部门）、出口的国内附加值所占比例，以及国内消费的相对重要性

---

① 例如，假如采用某一给定地区报告国失业率的简单平均数，以估算那一地区的失业率，而且没有报告失业率的国家与报告国在失业率方面存在不同特征，则如果没有这样一种修正机制，那么所生成的地区性失业率估算数据将会有偏差。趋势计量经济学模型中所采用的“加权最小平方”法可纠正这一潜在问题。

② 危机时期包括，从一个国家的 GDP 增长遭受最大幅度的下降，到危机之后 GDP 到达最低水平的“拐点年”（随后开始上升到危机前的水平）之间的一段时间。经济复苏时期包括，从“拐点年”到增长恢复到危机前水平那一年之间的时间间隔。

③ 为了预测当前经济复苏时期的失业情况，根据下述定义对危机年份和经济复苏年份的虚拟变量进行了调整：假如一个国家在 2007 年之后的 GDP 增长的跌幅大于 1991 年至 2008 年期间 GDP 增长标准差绝对值的 75%，且/或超过 3 个百分点，则认为该国“目前处于危机之中”。

④ 收入群组符合世界银行基于各国 2008 年人均国民总收入（GNI）（通过图谱法进行计算）定义的四大收入类别分类，即：低收入国家（1 025 美元或以下）；中低收入国家（1 026—4 035 美元）；中高收入国家（4 036—12 475 美元）；以及高收入国家（12 476 美元或以上）。

⑤ 基于出口依赖程度的组别包括：最高出口额（出口额大于或等于 GDP 的 70%）；高出口额（出口额小于 GDP 的 70%，但大于或等于 GDP 的 50%）；中等出口额（出口额小于 GDP 的 50%，但大于或等于 GDP 的 20%）；低出口额（出口额小于 GDP 的 20%）。

（例如，诸如印度或印度尼西亚等国家国内市场较大，因此与新加坡和泰国等国家相比，显得并不那么脆弱）。通过在回归中利用固定效应，对这些特征进行控制。

除了面板回归之外，还针对具有足够数据的国家运行国家层面的回归。采用普通最小二乘法的国家层面的回归包含与面板回归一样的变量。

鉴于 GDP 前景的不确定性以及获得所有国家 GDP 与失业率之间关系的复杂性，我们采用了十种（类似的）多级混合效应线性回归（变截距模型和变系数模型）。在这十种回归中发生变化的主要组成部分是独立变量的滞后机制。上述模型的潜在优势在于，不仅面板结构得到了充分利用（即提高了自由度），而且还可以具体针对每个单位（国家）估测系数，将集群层级未被观察到的异质性纳入考虑当中，同时纠正随机效果方法可能产生的独立变量与随机影响条件不相关的影响。

最终的预测数据是从三组面板回归、针对具有充足数据国家的回归和国家层面的回归中所获得估算值的简单平均数。针对部分国家（188 个国家中的 41 个），根据判断检查得到了另外一组预测组合的平均数，以便更加真实地反映各国经济预测中观察到的近期趋势。

短期预测模型

对于这 41 个国家来说，针对 2016 年的初步失业估测和 2017 年预测基于一个针对具体国家的短期预测模型的结果。国际劳工组织维护着一个有关月度和季度失业流动的数据库，该数据库包含有关失业流入率和流出率的信息，是基于按持续时间划分的失业率并采用夏默（Shimer，2012）以及艾尔斯比、赫比金和沙欣（Elsby，Hobijn and Sahin，2013）提出的方法进行的估测。我们指定了许多模型，这些模型或者可以直接预测失业率，或者可以通过 ARIMA、VARX 和组合预测技巧，同时确定流入率和流出率。短期预测模型依赖于几个解释变量，其中包括雇佣不确定性（Ernst and Viegelahn，2014）、政策不确定性（Baker，Bloom and Davis，2013），以及牛津经济研究院和人力就业前景调查所做出的宏观经济预测。针对所有估测模型提前 8 个季度进行伪样本外预测评估，从 2009 年第 1 季度开始。通过对平均和最大预测误差进行加权处理，选择了五个模型。之后，对这前五大模型的预测值进行了平均。

社会动荡指数

社会动荡指数可反映各国的社会健康水平。该指数采用的数据来自全球事件、语言和音调数据库（GDELT）项目，数据内容围绕全球各地所发生的被分类为“抗议”的事件（数据库中的代码 14）。其中记录了许多不同类型的抗议行为，如示威、骚乱、集会、联合抵制、设置路障和绝食罢工。

指数数值在 0 至 100 之间，是基于 GDELT 项目中所报告的某个国家在一年中抗议事件在全部事件中所占份额，并通过复杂的转化计算得出的。指数 100 所对应的情形是，抗议事件在全部事件中所占份额为 15% 或以上。

社会动荡是各国之间的一个相对概念。两个国家相关绝对指标具有相同的值并不意味着这两个国家的社会动荡情况非常一致，这是因为国家之间在文化、历史和报告方法方面存在本质性的差别。通过社会动荡指数，可以在不同国家之间进行比较，以发现哪些国家或地区目前正在经历严重动荡的时期。不过，如果说一个国家所经历的动荡比另外一个国家严重 10%，从概念上讲这是不正确的。

估算值和预测值的变化：2016 年与 2015 年趋势计量经济学模型（TEM）的对比

对于之前的趋势计量经济学模型版本而言，对全球和区域失业水平以及失业率进行了修正，以便将有关失业率的最新信息以及劳动力和经济增长历史数据和预测值的修订考虑在内。根据趋势计量经济学模型 2016 年 11 月版和趋势计量经济学模型 2015 年 11 月版所得到的失业数据之间的差异，来源可总结如下：

全国劳动力调查中报告的新的失业率数据记录：总而言之，与趋势计量经济学模型 2015 年 11 月版相比，趋势计量经济学模型 2016 年 11 月版给出了 260 个新报告的观测值，其中有 103 个是近期的（2014 年或 2015 年）。三个之前没有失业率信息的国家获得了失业率信息，最为明显的是缅甸。

表 B1

全球失业预测：趋势计量经济学模型 2016 年和趋势计量经济学模型 2015 年之间的差异

	2009 年	2010 年	2011 年	2012 年	2013 年	2014 年	2015 年	2016 年	2017 年	2018 年
失业人口数（百万人）										
2015 年 11 月	197.7	195.1	193.8	195.2	198.6	196.4	197.1	199.4	200.5	202.4
2016 年 11 月	197.4	195.0	195.2	195.5	197.1	194.0	194.5	197.7	201.1	203.8
失业率（%）										
2015 年 11 月	6.2	6.1	6.0	6.0	6.0	5.8	5.8	5.8	5.7	5.7
2016 年 11 月	6.2	6.1	6.0	6.0	5.9	5.8	5.7	5.7	5.8	5.8

资料来源：国际劳工组织基于趋势计量经济学模型的计算，2016 年 11 月和 2015 年 11 月。

历史失业率数据的向后调整：在趋势计量经济学模型 2016 年 11 月版所观测到的 2008—2014 年期间的失业率数据中（512 个观测值），大约 61.7% 经过了向后调整。不过，在绝大多数情况下，这些变化的量级都是可以忽略的。仅在 10.7% 的案例中（89 个观测值），其修正幅度是超过 0.1 个百分点的；仅在 15 个案例中，其修正幅度大于 1 个百分点。其中较为明显的包括：哥斯达黎加（2010 年至 2012 年）、巴拉圭（2011 年）、以色列（2008 年至 2011 年）和蒙古（2011 年）。

对既往和预测 GDP 增长率的调整：在国际货币基金组织 2015 年 10 月的《世界经济展望》及其 2016 年 10 月的更新版之间，我们可以发现 2016 年的全球实际 GDP 增长率预测调低了 0.5 个百分点，而对 2017 年的预测则调低了 0.4 个百分点。在一系列历史数据中，2015 年的实际 GDP 增长调高了 0.1 个百分点。对 GDP 增长既往数据和预测的修正导致失业率和 GDP 增长率之间的关系预估出现了轻微改变。

由于以上所描述的变化，2016 年全球失业率的基线预测调低了 0.1 个百分点，而对 2017 年和 2018 年的预测则调高了 0.1 个百分点（见表 B1）。

针对情境的方法对策

本部分介绍了一种方法，用于估测本报告中所描述的，并且在图 3 中呈现的两个可选情境对失业的预期影响。两个情境均来自于牛津经济研究院提供的全球情境服务（Global Scenarios Service），该服务详细介绍了基本假设以及“长期性经济停滞”和“财政宽松”这两种情境下对 GDP 的实际冲击。之后，牛津经济研究院所提供的每个情境下的 GDP 预估以及总需求构成，被用于国际劳工组织的趋势计量经济学模型 2016 年 11 月版中，用以预测其他失业动态。图 3 说明了 2017 年和 2018 年基线失业预测和其他可选情境之间的差别。

附录 C　按国际劳工组织区域划分的劳动力市场和社会统计数据

表 C1

2007—2018 年失业率和总失业人口数的趋势和预测

失业状况的发展变化，2007—2018 年	百分比				百万人		
国家/区域	2007—2015 年	2016 年	2017 年	2018 年	2016 年	2017 年	2018 年
全球		**5.7**	**5.8**	**5.8**	**197.7**	**201.1**	**203.8**
发达经济体		6.3	6.2	6.2	38.6	37.9	38.0
新兴国家		5.6	5.7	5.7	143.4	147.0	149.2
发展中经济体		5.6	5.5	5.5	15.7	16.1	16.6
阿拉伯国家		**10.7**	**10.6**	**10.5**	**5.8**	**5.9**	**5.9**
沙特阿拉伯		5.5	5.5	5.5	0.7	0.7	0.7
东亚		**4.5**	**4.5**	**4.5**	**41.6**	**41.9**	**42.4**
中国		4.6	4.6	4.7	37.3	37.6	37.9
日本		3.1	3.0	3.0	2.0	1.9	2.0
韩国		3.7	3.6	3.7	1.0	1.0	1.0
东欧		**6.2**	**6.1**	**6.0**	**9.1**	**9.0**	**8.7**
俄罗斯		5.7	5.8	5.7	4.3	4.3	4.2
中西亚		**8.9**	**9.2**	**9.3**	**6.6**	**6.9**	**7.1**
土耳其		10.3	10.8	11.0	3.1	3.3	3.4
拉丁美洲和加勒比地区		**8.1**	**8.4**	**8.5**	**25.1**	**26.6**	**27.1**
巴西		11.5	12.4	12.4	12.4	13.6	13.8
墨西哥		4.0	4.0	4.2	2.3	2.4	2.5
北非		**12.1**	**12.0**	**11.9**	**9.0**	**9.1**	**9.2**
北美		**5.1**	**5.1**	**5.3**	**9.4**	**9.5**	**9.7**
加拿大		7.1	7.1	7.1	1.4	1.4	1.4
美国		4.9	4.9	5.0	8.0	8.0	8.3
北欧、南欧和西欧		**9.3**	**9.1**	**8.9**	**20.2**	**19.7**	**19.4**
法国		10.0	9.8	9.8	3.0	2.9	2.9
德国		4.3	4.2	4.2	1.8	1.8	1.8
意大利		11.5	11.4	11.1	2.9	2.8	2.8
英国		4.8	5.0	5.3	1.6	1.7	1.8
东南亚和太平洋地区		**3.8**	**3.8**	**3.9**	**13.3**	**13.7**	**14.0**
澳大利亚		5.7	5.5	5.3	0.7	0.7	0.7
印度尼西亚		5.6	5.8	5.9	7.1	7.4	7.7
南亚		**4.1**	**4.1**	**4.1**	**29.5**	**29.8**	**30.2**
印度		3.5	3.4	3.4	17.7	17.8	18.0
撒哈拉以南非洲		**7.2**	**7.2**	**7.2**	**28.0**	**29.1**	**30.1**
南非		25.9	26.0	26.3	5.4	5.5	5.6

注：附录 A 中给出了按地理区域和收入水平划分的国家群组列表。

资料来源：ILO Trends Econometric Models，2016 年 11 月。

表 C2

2007—2018 年弱势就业率和总弱势就业人口数的趋势和预测

国家/区域	百分比				百万人		
	2007—2015 年	2016 年	2017 年	2018 年	2016 年	2017 年	2018 年
全球		**42.9**	**42.8**	**42.7**	**1396.3**	**1407.9**	**1419.2**
发达国家		10.1	10.1	10.0	58.1	58.2	58.1
新兴国家		46.8	46.5	46.2	1128.4	1133.6	1138.8
发展中国家		78.9	78.7	78.5	209.9	216.1	222.3
阿拉伯国家		**17.8**	**17.9**	**18.0**	**8.6**	**8.8**	**9.1**
中西亚		**29.7**	**29.5**	**29.2**	**20.2**	**20.2**	**20.3**
东亚		**30.9**	**30.6**	**30.3**	**276.1**	**273.4**	**270.8**
东欧		**11.2**	**11.3**	**11.3**	**15.5**	**15.5**	**15.4**
拉丁美洲和加勒比地区		**31.9**	**31.9**	**31.9**	**91.2**	**92.2**	**93.4**
北非		**32.4**	**32.1**	**31.8**	**21.2**	**21.5**	**21.7**
北美		**6.6**	**6.6**	**6.6**	**11.5**	**11.6**	**11.6**
北欧、南欧和西欧		**11.3**	**11.2**	**11.2**	**22.2**	**22.2**	**22.2**
东南亚和太平洋地区		**50.8**	**50.2**	**49.5**	**171.4**	**171.5**	**171.6**
南亚		**74.8**	**74.1**	**73.4**	**511.4**	**516.6**	**521.4**
撒哈拉以南非洲		**68.0**	**67.9**	**67.8**	**247.0**	**254.2**	**261.6**

注：附录 A 中给出了按地理区域和收入水平划分的国家群组列表。

资料来源：ILO Trends Econometric Models，2016 年 11 月。

表 C3

2007—2018 年工作贫困率和总工作贫困人口数的趋势和预测

国家/区域	极度和中等工作贫困率，2007—2018 年（%）				极度和中等工作贫困人口数，2016—2018 年（百万人）		
	2007—2015 年	2016 年	2017 年	2018 年	2016 年	2017 年	2018 年
新兴国家和发展中国家合计		**29.4**	**28.7**	**28.1**	**783.0**	**776.2**	**769.4**
新兴国家		25.0	24.3	23.7	599.3	589.9	580.3
发展中国家		69.0	67.9	66.7	183.6	186.3	189.0
阿拉伯国家		**21.4**	**20.9**	**20.4**	**10.3**	**10.3**	**10.3**
中西亚		**6.6**	**6.3**	**5.9**	**4.2**	**4.0**	**3.8**
东亚		**10.7**	**9.9**	**9.1**	**84.6**	**78.0**	**71.9**
东欧		**3.2**	**3.1**	**3.1**	**3.1**	**3.0**	**2.9**
拉丁美洲和加勒比地区		**8.0**	**7.9**	**7.8**	**23.0**	**22.9**	**22.8**
北非		**24.0**	**23.6**	**23.2**	**15.6**	**15.8**	**15.8**
东南亚和太平洋地区		**24.8**	**23.4**	**22.0**	**79.4**	**75.8**	**72.1**
南亚		**49.0**	**48.1**	**47.1**	**335.2**	**335.0**	**334.4**
撒哈拉以南非洲		**63.7**	**62.8**	**61.9**	**230.9**	**234.7**	**238.6**

注：附录 A 给出了按地理区域和收入水平划分的国家群组列表。极度和中等工作贫困指日人均收入或消费低于 3.10 美元（按购买力平价计）的工作者。

资料来源：ILO Trends Econometric Models，2016 年 11 月。

全球

总失业人口数（百万人）

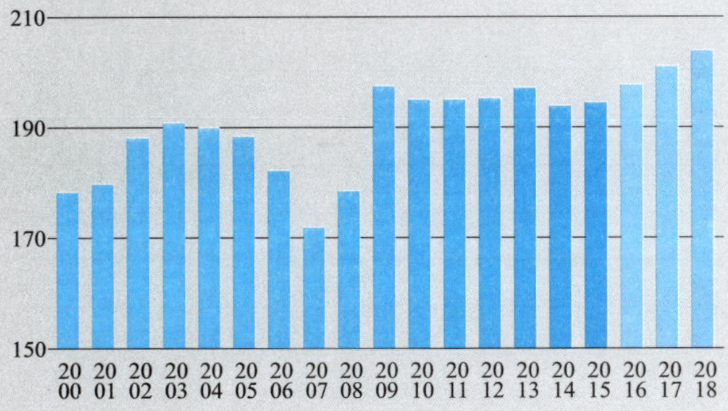

总失业率（%）

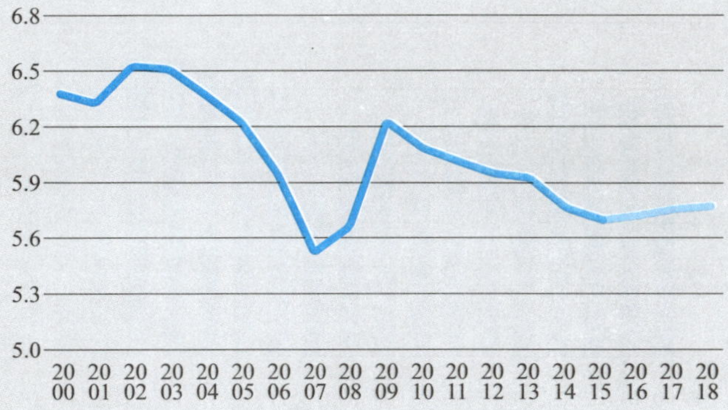

劳动参与率（%）

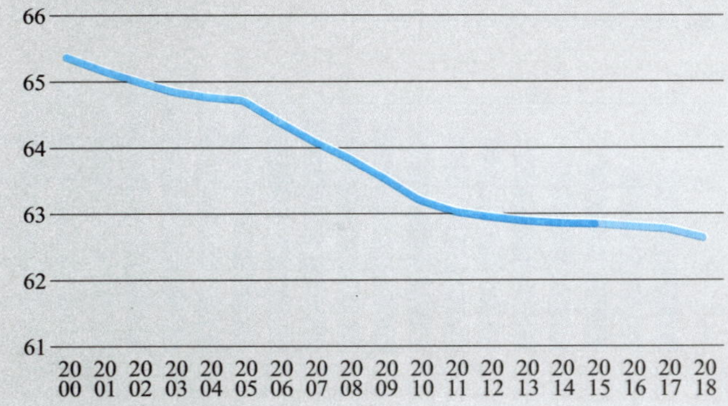

总就业人口数（百万人）

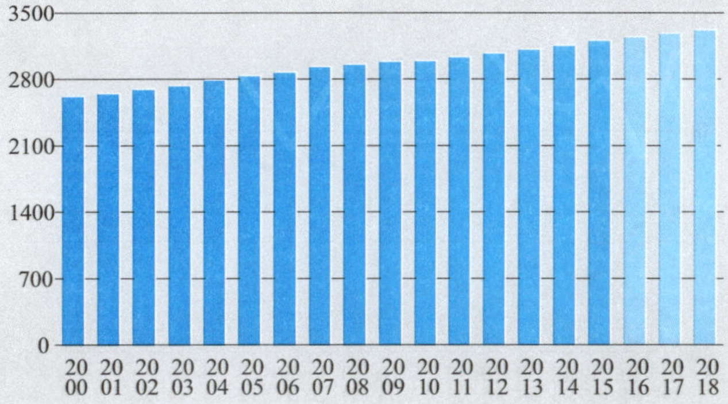

■ 工作贫困人口：<3.10PPP美元/日（百万人）　■ 工作贫困人口占总就业人口的比例（%）

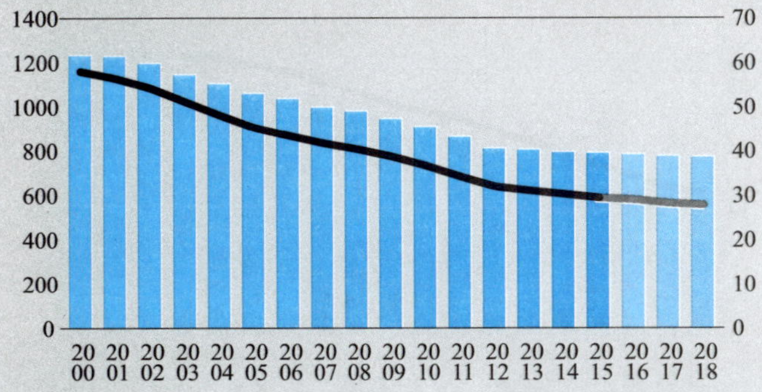

■ 发展中的中产阶级人口：5—13PPP美元/日（百万人）　■ 发展中的中产阶级占总就业人口的比例（%）

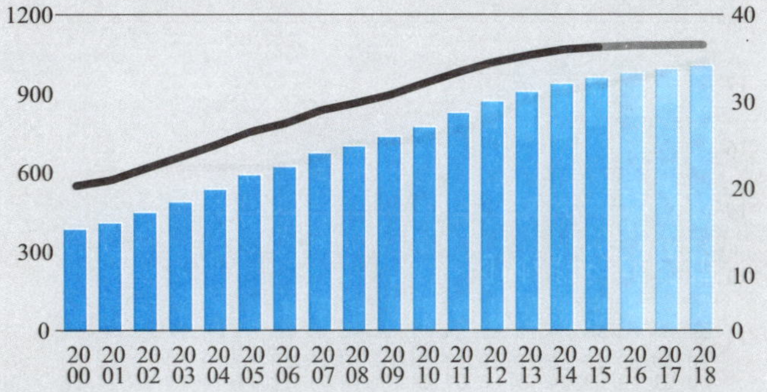

■ 弱势就业人口数（百万人）　■ 弱势就业人口所占份额（%）

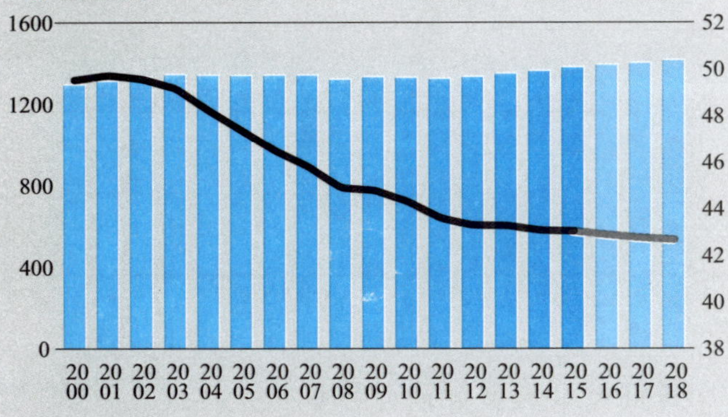

生产率增长（%）

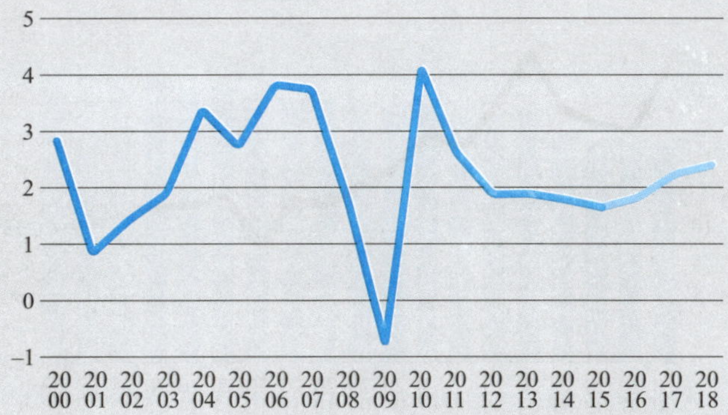

北非

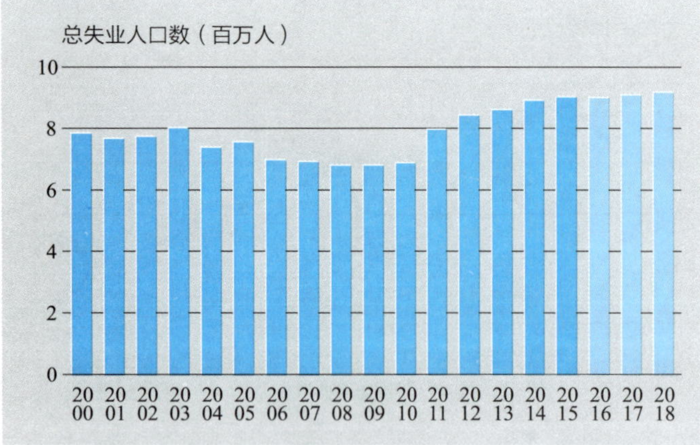
总失业人口数（百万人）

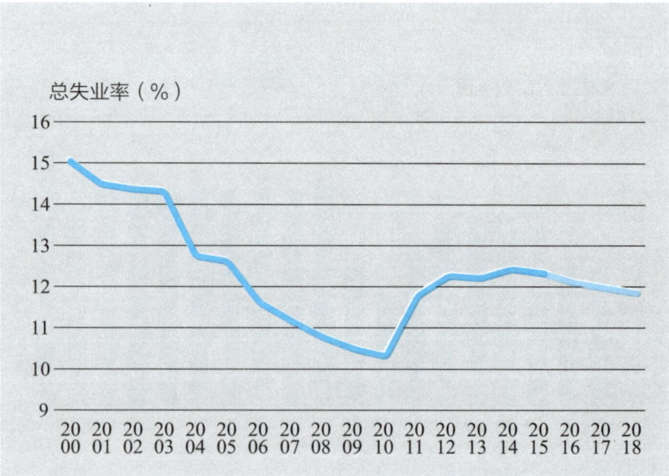
总失业率（%）

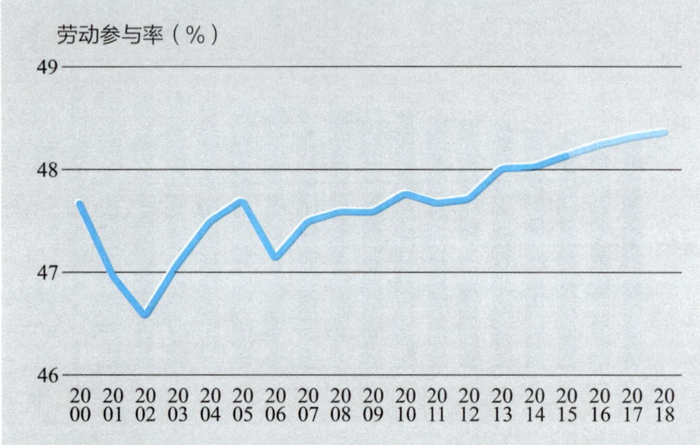
劳动参与率（%）

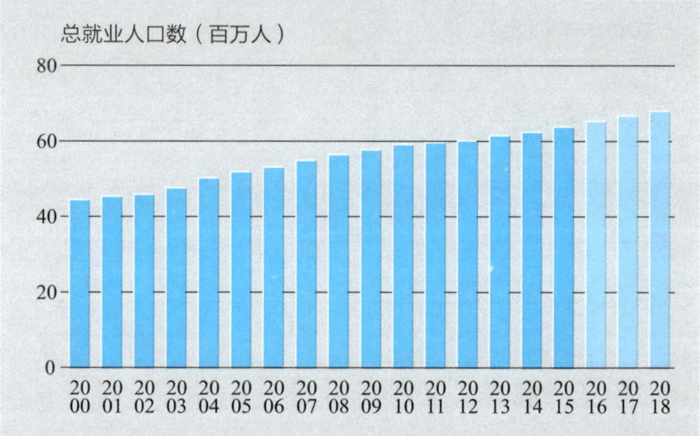
总就业人口数（百万人）

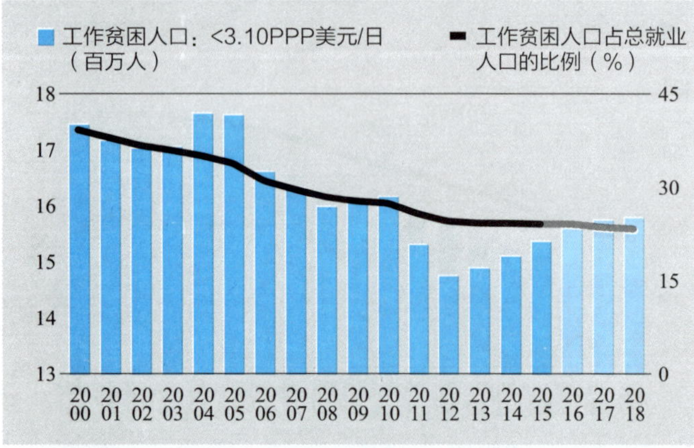
工作贫困人口：<3.10PPP美元/日（百万人）
工作贫困人口占总就业人口的比例（%）

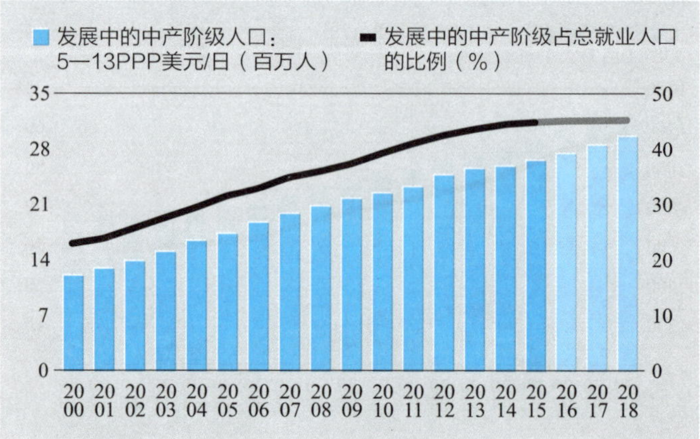
发展中的中产阶级人口：5—13PPP美元/日（百万人）
发展中的中产阶级占总就业人口的比例（%）

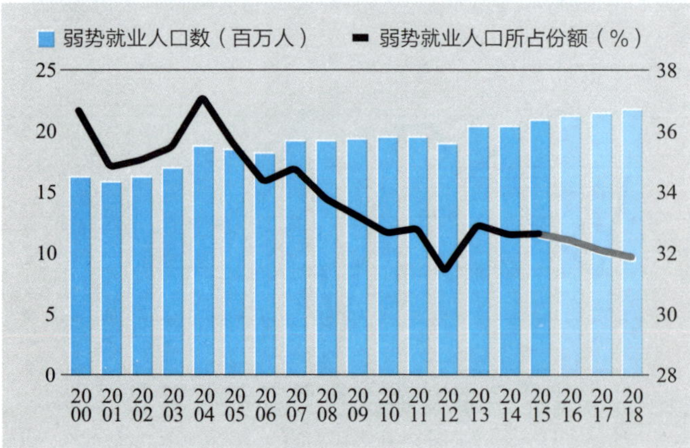
弱势就业人口数（百万人）
弱势就业人口所占份额（%）

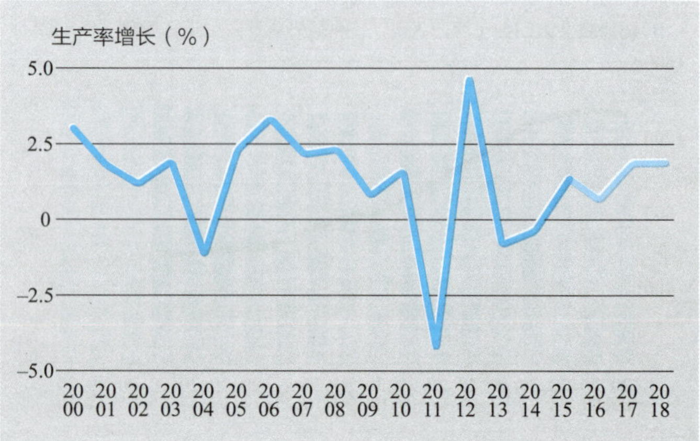
生产率增长（%）

撒哈拉以南非洲

总失业人口数（百万人）

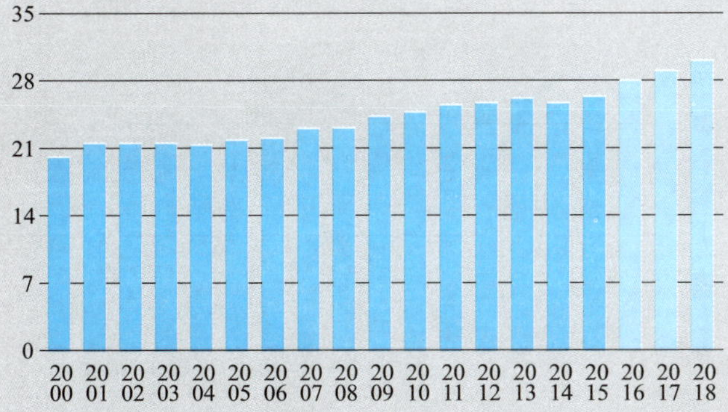

总失业率（%）

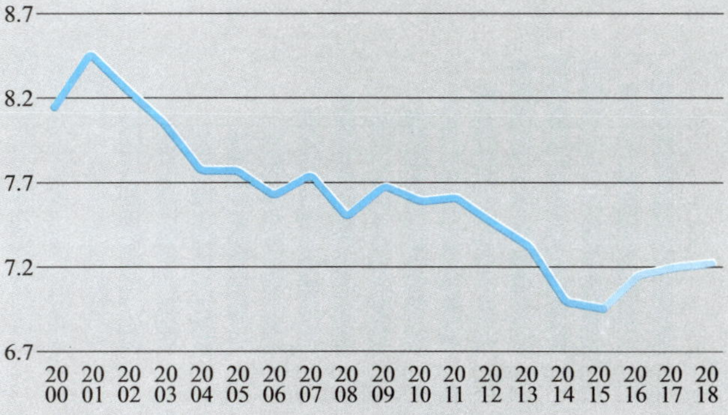

劳动参与率（%）

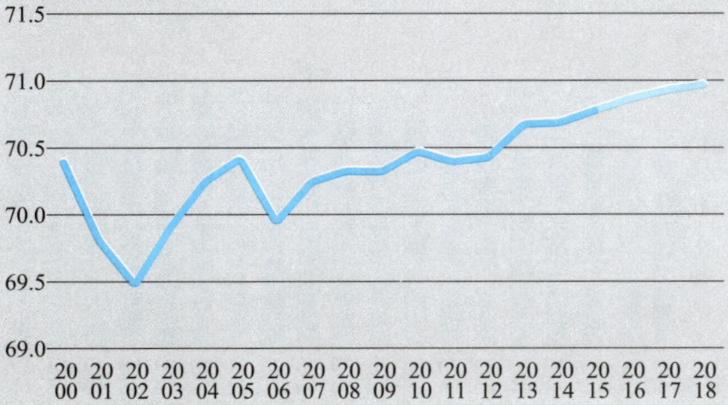

总就业人口数（百万人）

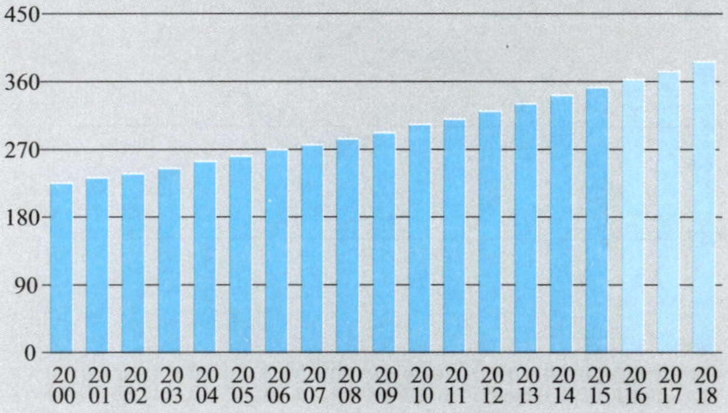

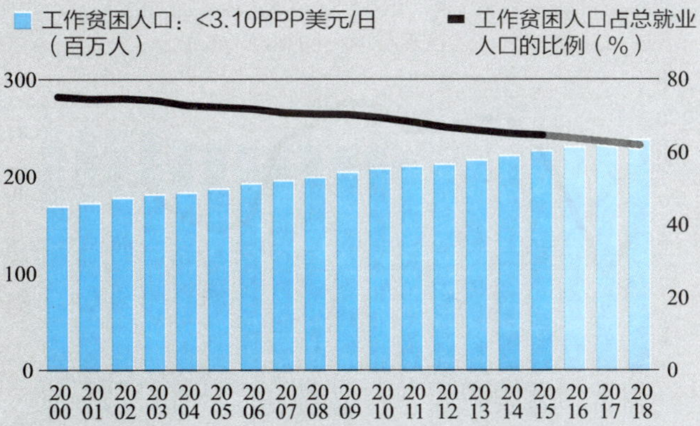

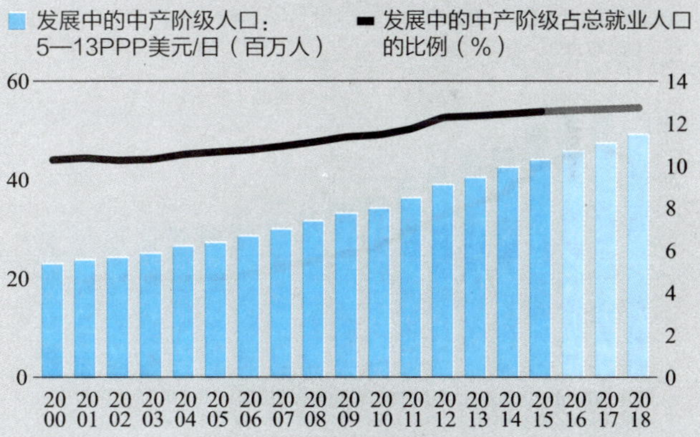

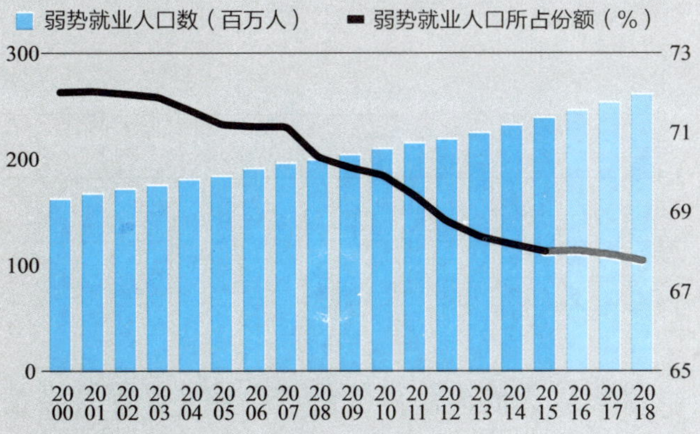

生产率增长（%）

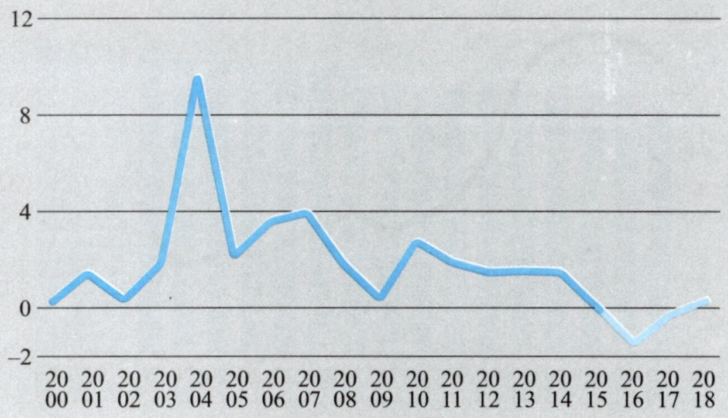

拉丁美洲和加勒比地区

总失业人口数（百万人）

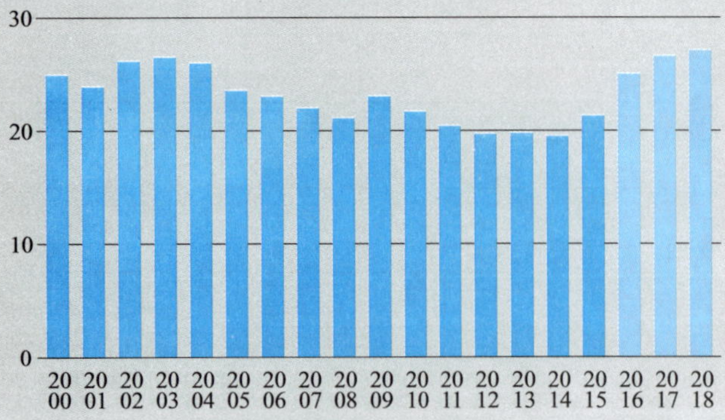

总失业率（%）

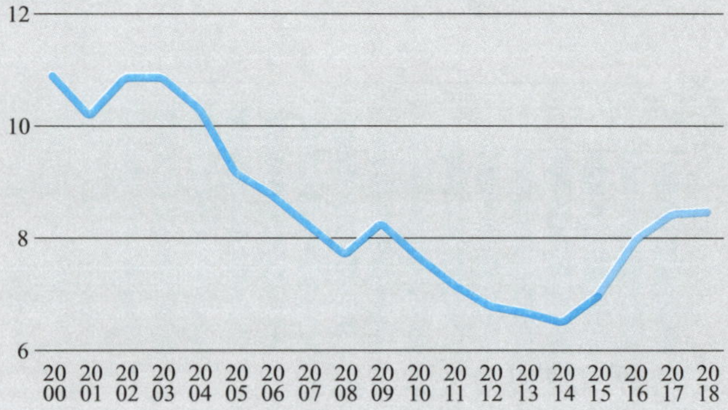

劳动参与率（%）

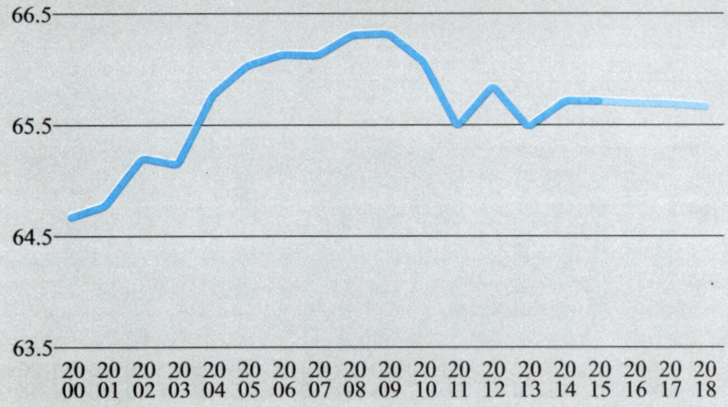

总就业人口数（百万人）

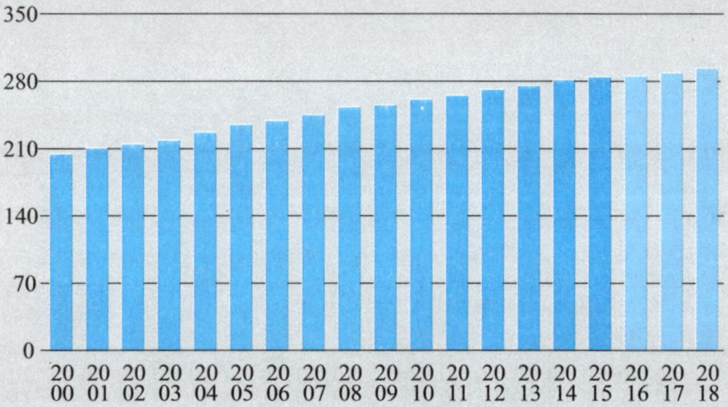

■ 工作贫困人口：<3.10PPP美元/日（百万人）　▬ 工作贫困人口占总就业人口的比例（%）

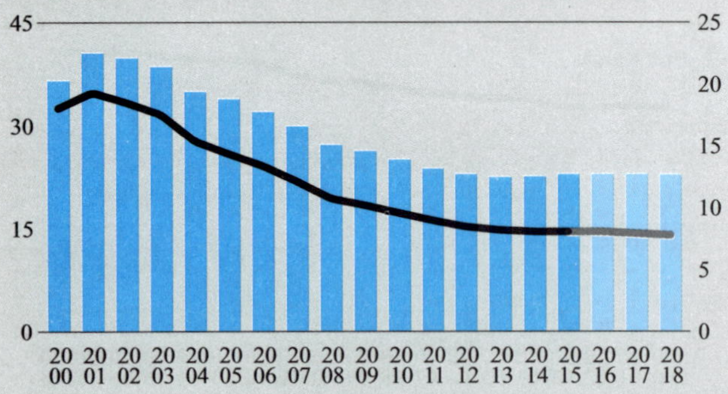

■ 发展中的中产阶级人口：5—13PPP美元/日（百万人）　▬ 发展中的中产阶级占总就业人口的比例（%）

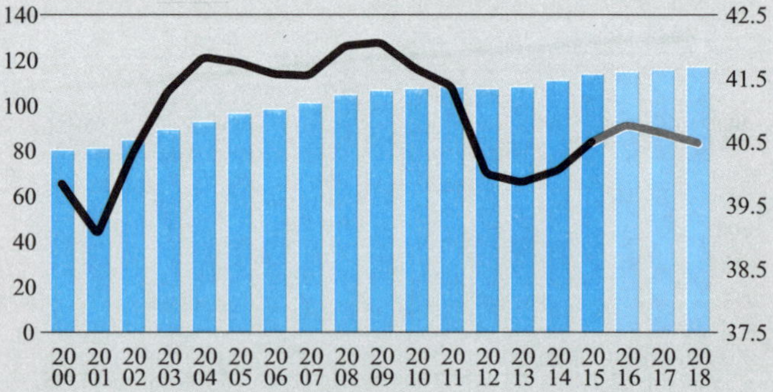

■ 弱势就业人口数（百万人）　▬ 弱势就业人口所占份额（%）

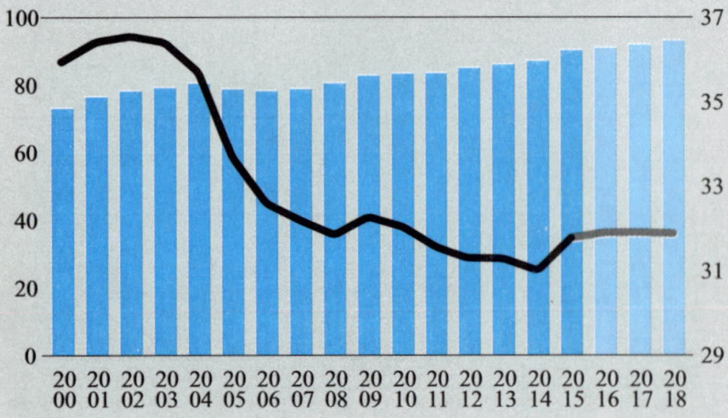

生产率增长（%）

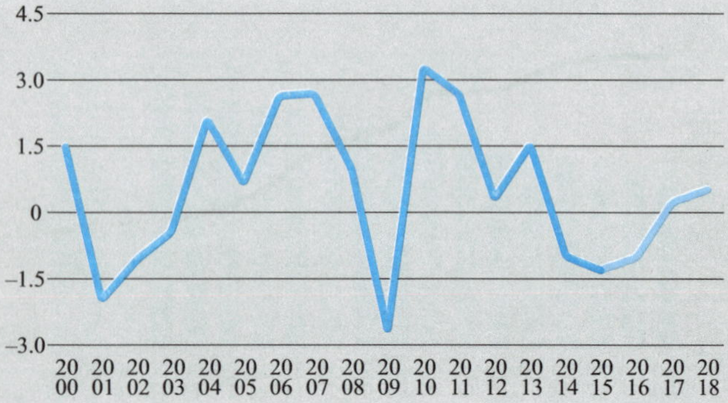

北美

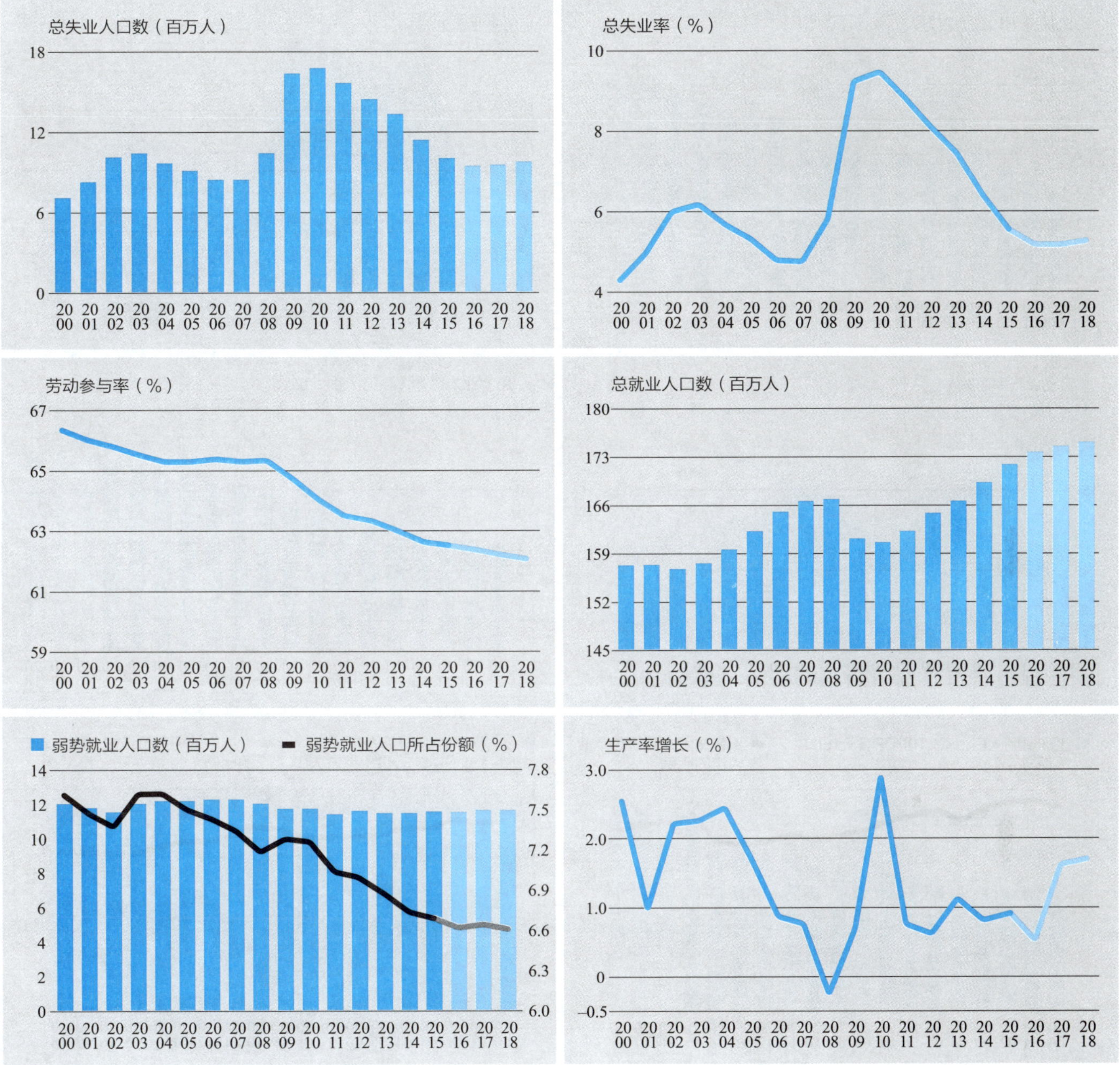
总失业人口数（百万人）
18
12
6
0
总失业率（%）
10
8
6
4
劳动参与率（%）
67
65
63
61
59
总就业人口数（百万人）
180
173
166
159
152
145
弱势就业人口数（百万人）
弱势就业人口所占份额（%）
14
12
10
8
6
4
2
0
7.8
7.5
7.2
6.9
6.6
6.3
6.0
生产率增长（%）
3.0
2.0
1.0
0
−0.5
20 00
20 01
20 02
20 03
20 04
20 05
20 06
20 07
20 08
20 09
20 10
20 11
20 12
20 13
20 14
20 15
20 16
20 17
20 18

阿拉伯国家

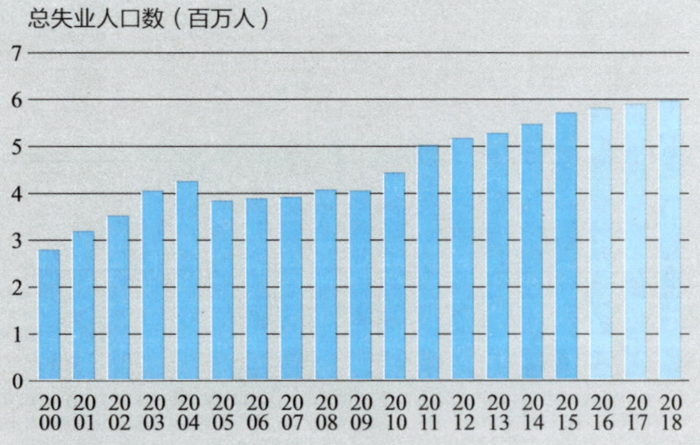
总失业人口数（百万人）

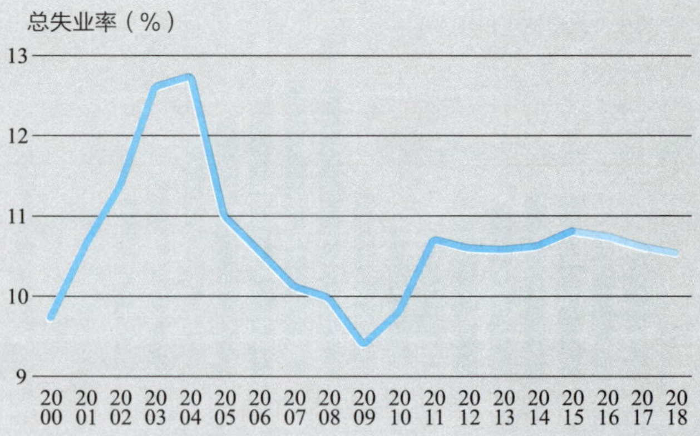
总失业率（%）

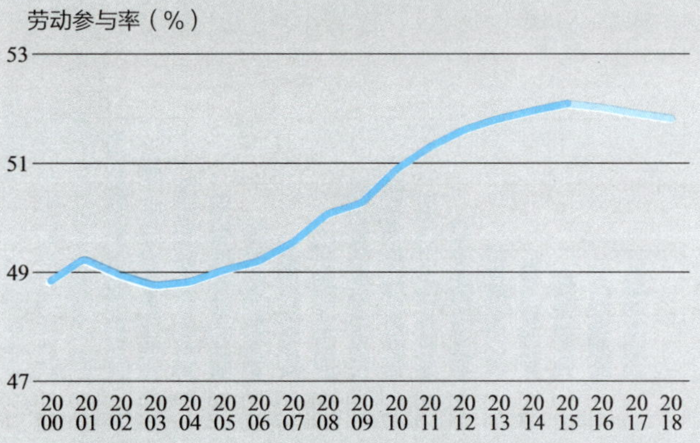
劳动参与率（%）

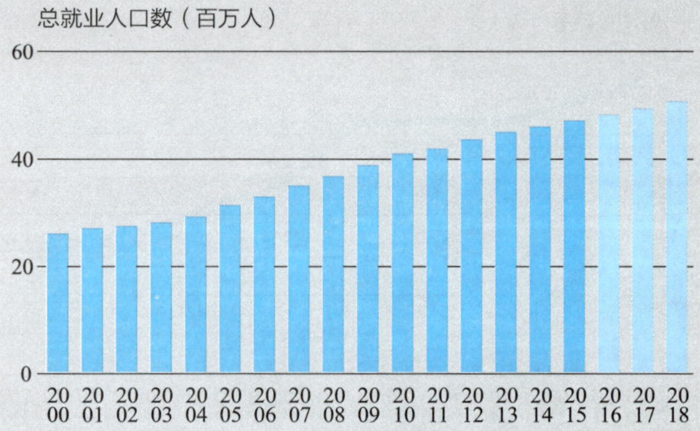
总就业人口数（百万人）

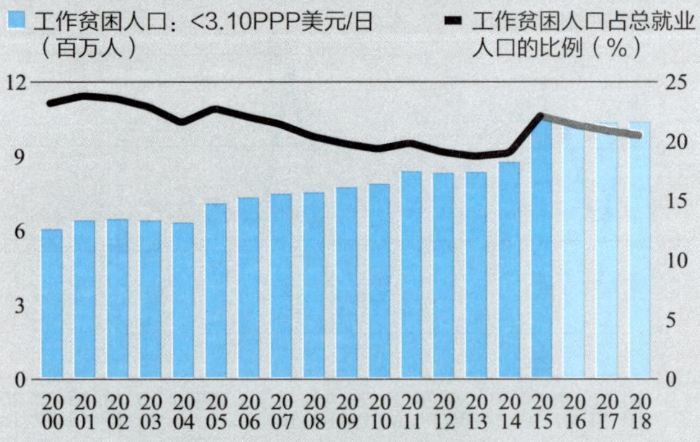
工作贫困人口：<3.10PPP美元/日（百万人）
工作贫困人口占总就业人口的比例（%）

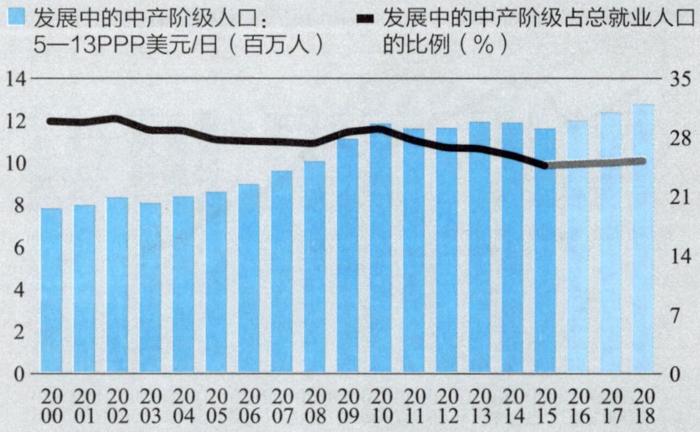
发展中的中产阶级人口：5—13PPP美元/日（百万人）
发展中的中产阶级占总就业人口的比例（%）

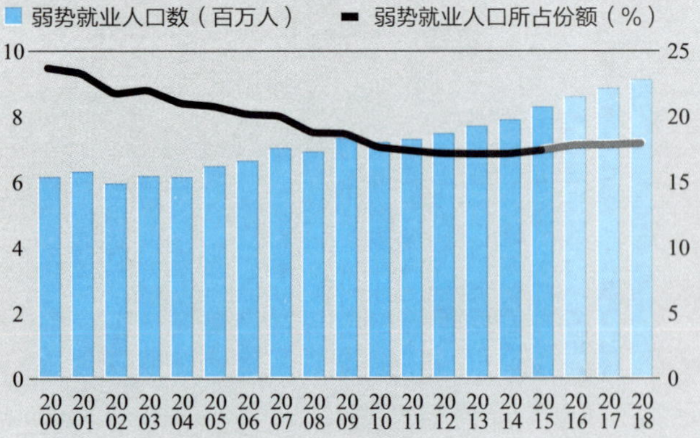
弱势就业人口数（百万人）
弱势就业人口所占份额（%）

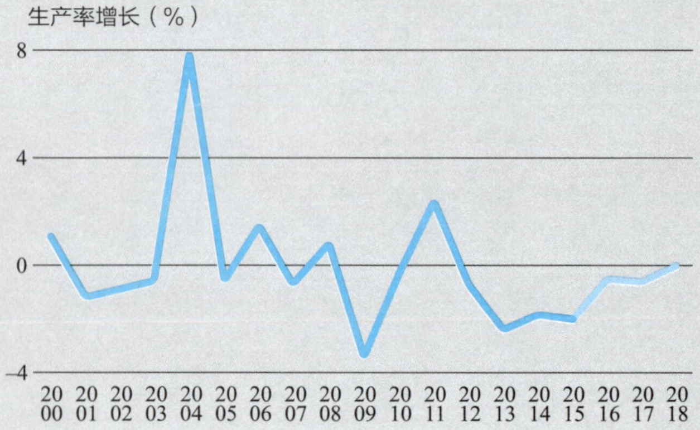
生产率增长（%）

东亚

总失业人口数（百万人）

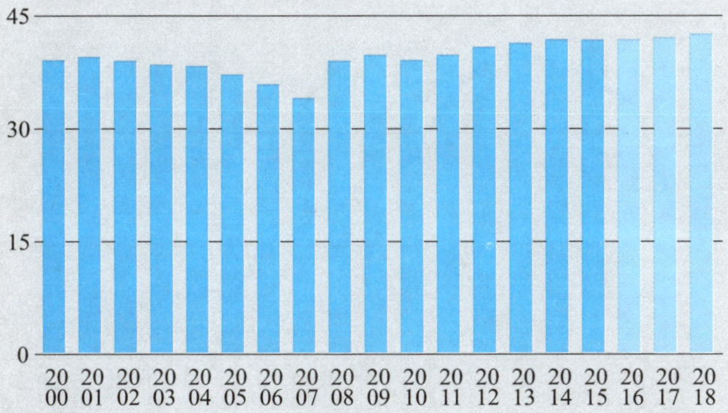

总失业率（%）

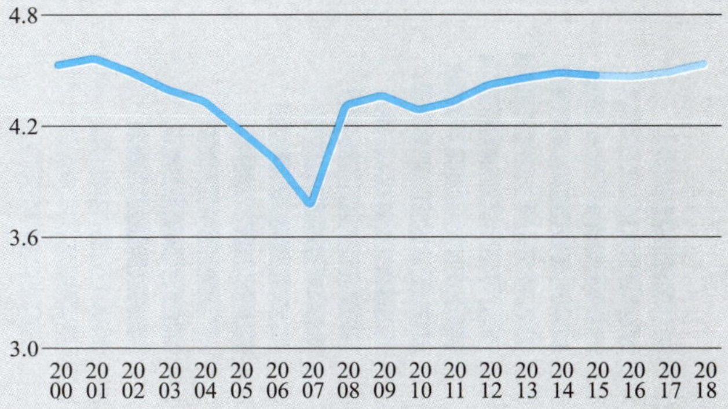

劳动参与率（%）

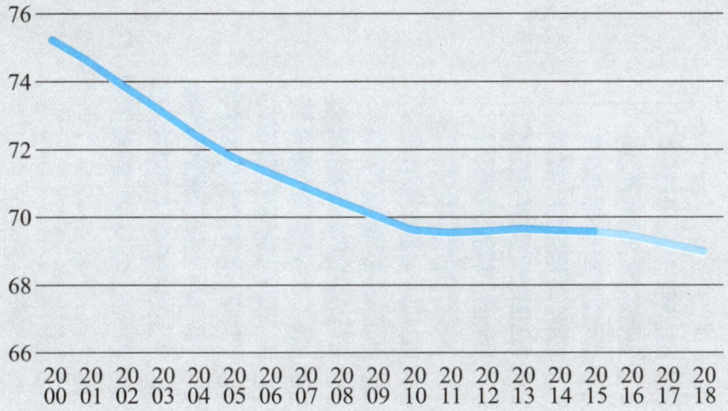

总就业人口数（百万人）

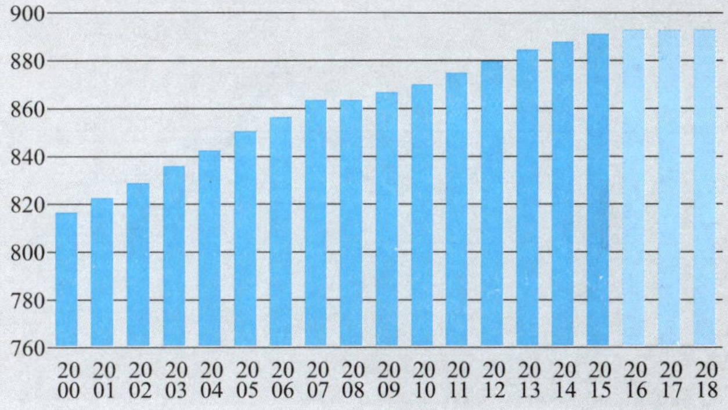

工作贫困人口：<3.10PPP美元/日（百万人）
工作贫困人口占总就业人口的比例（%）

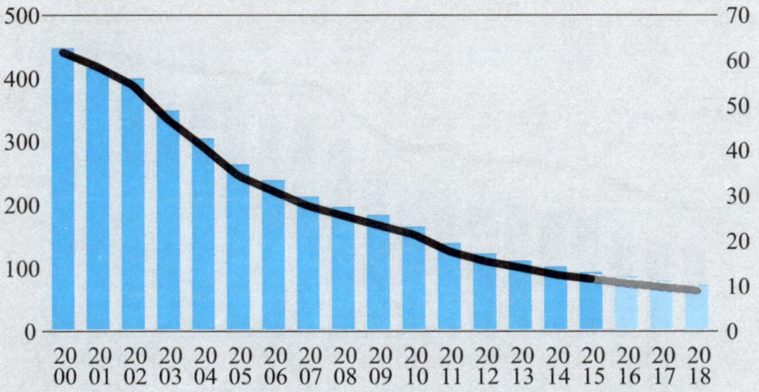

发展中的中产阶级人口：5—13PPP美元/日（百万人）
发展中的中产阶级占总就业人口的比例（%）

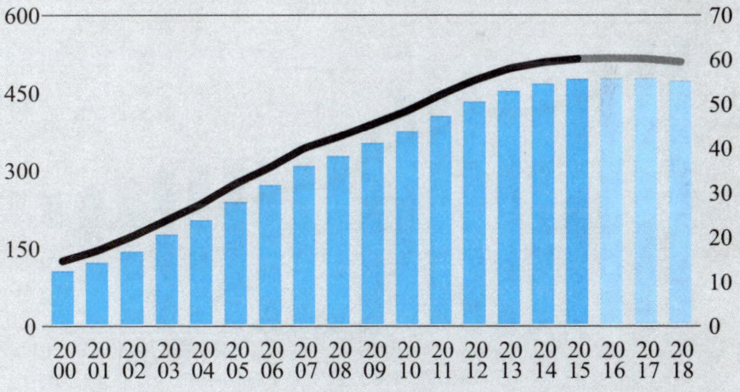

弱势就业人口数（百万人）
弱势就业人口所占份额（%）

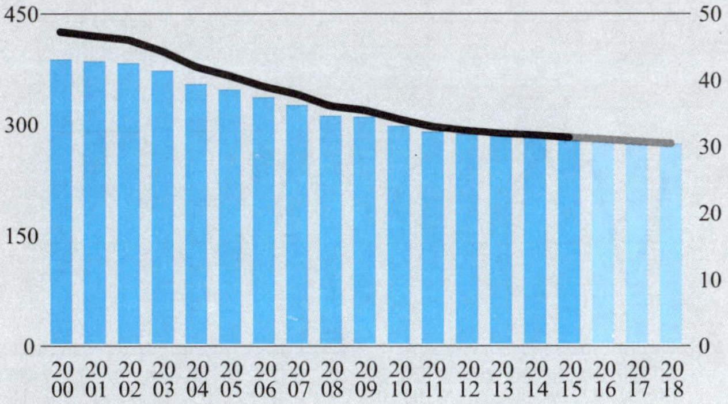

生产率增长（%）

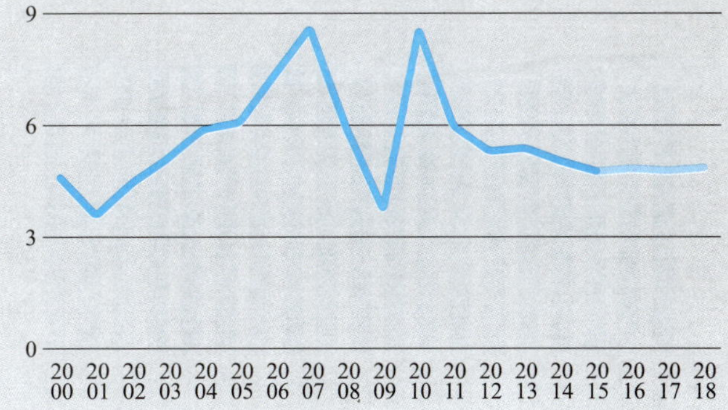

东南亚和太平洋地区

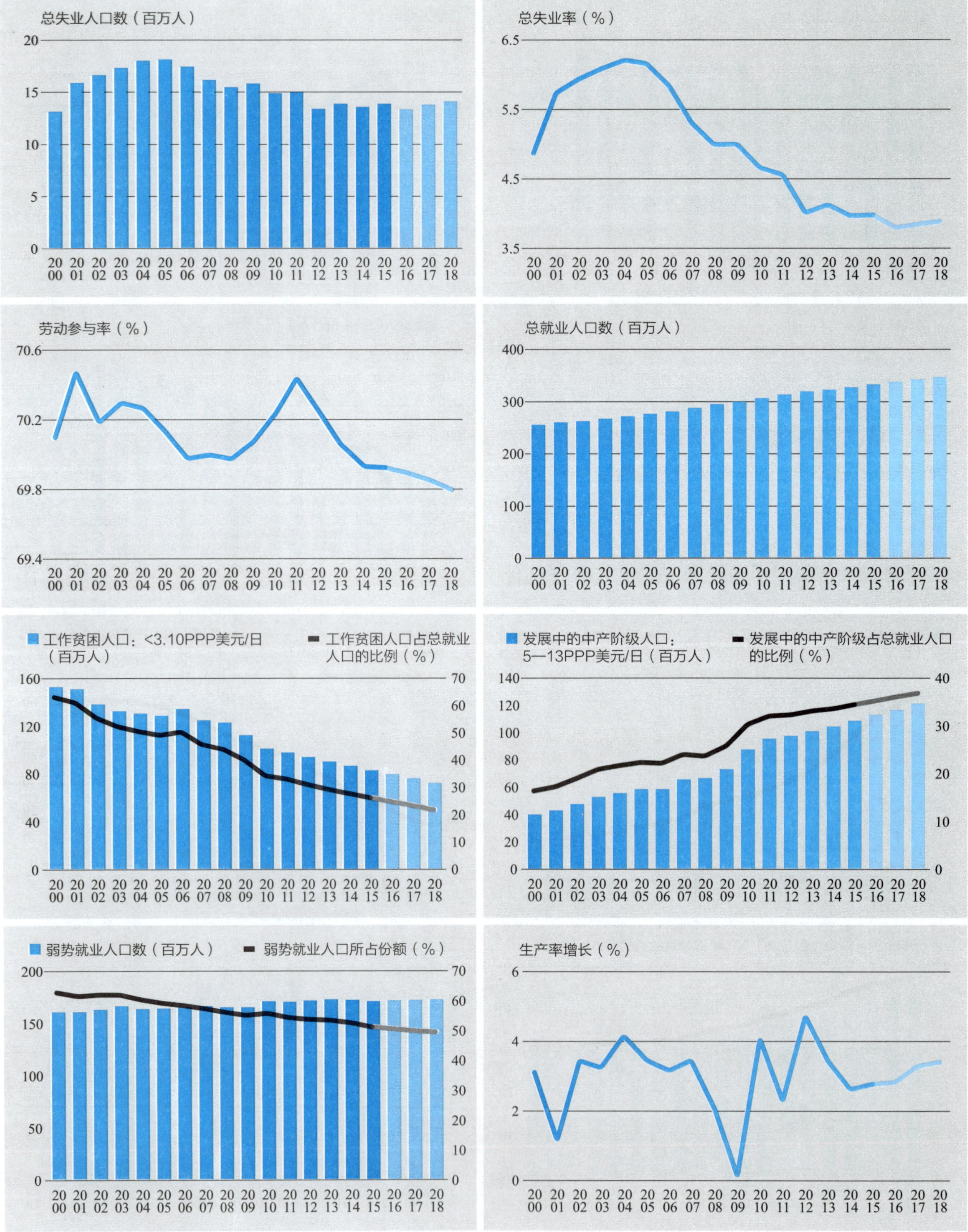
总失业人口数（百万人）
总失业率（%）
劳动参与率（%）
总就业人口数（百万人）
工作贫困人口：<3.10PPP美元/日（百万人）
工作贫困人口占总就业人口的比例（%）
发展中的中产阶级人口：5—13PPP美元/日（百万人）
发展中的中产阶级占总就业人口的比例（%）
弱势就业人口数（百万人）
弱势就业人口所占份额（%）
生产率增长（%）

南亚

总失业人口数（百万人）

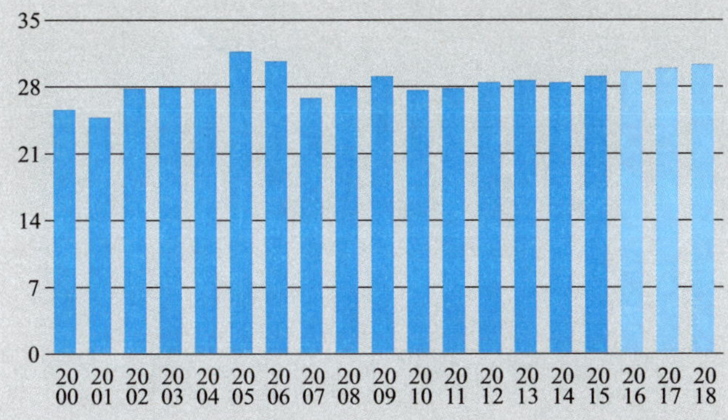

总失业率（%）

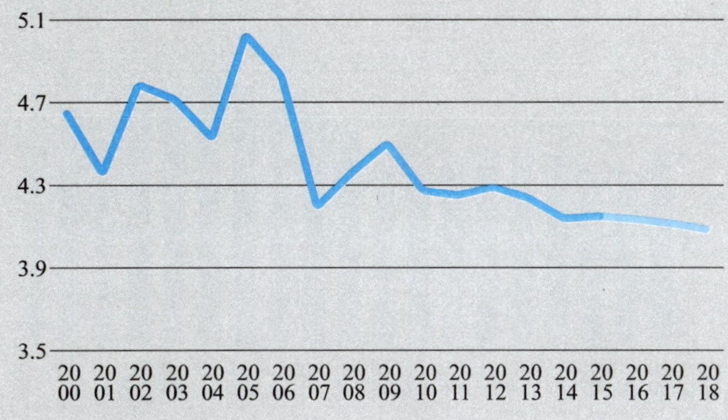

劳动参与率（%）

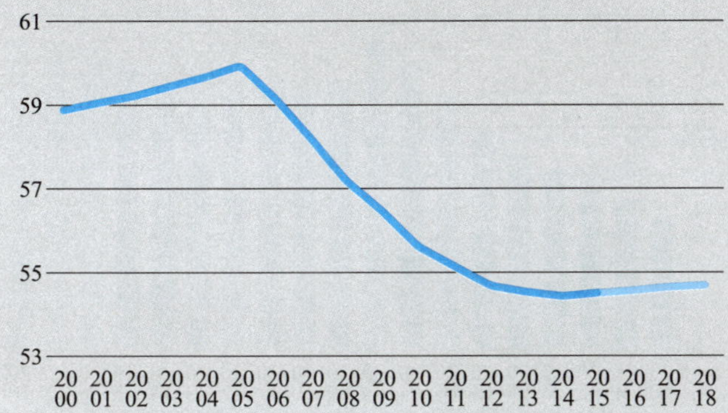

总就业人口数（百万人）

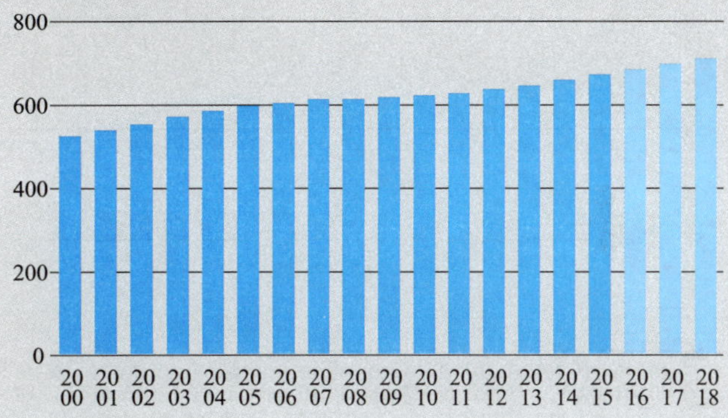

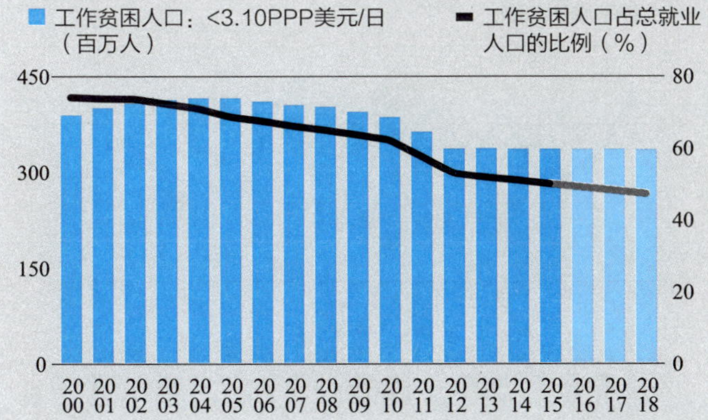

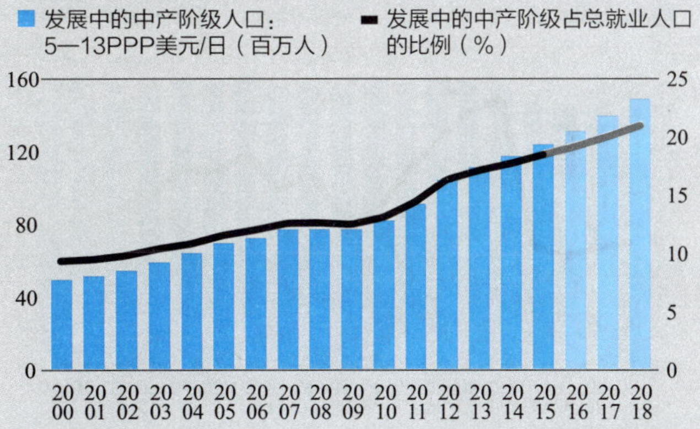

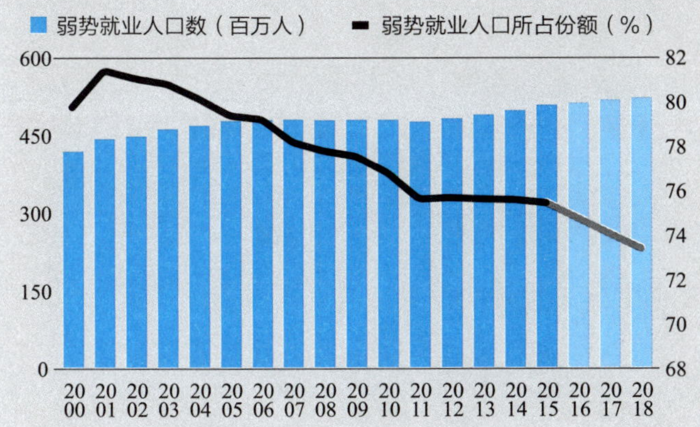

生产率增长（%）

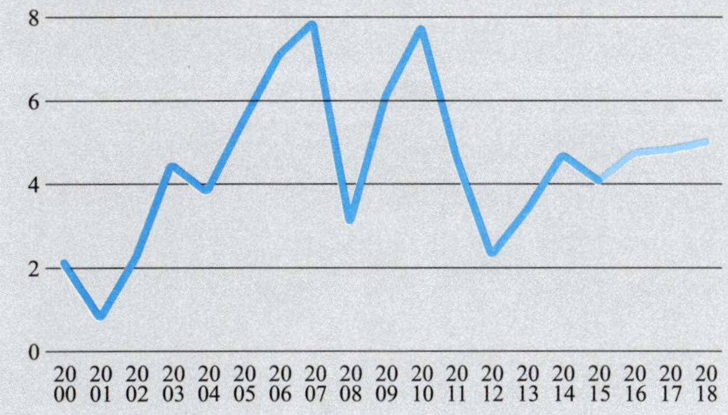

北欧、南欧和西欧

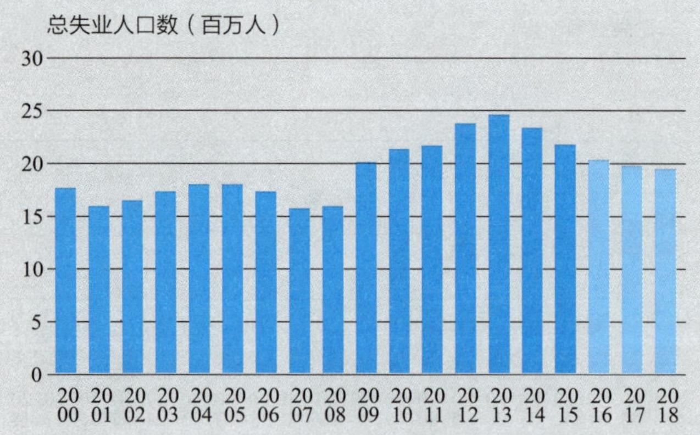
总失业人口数（百万人）

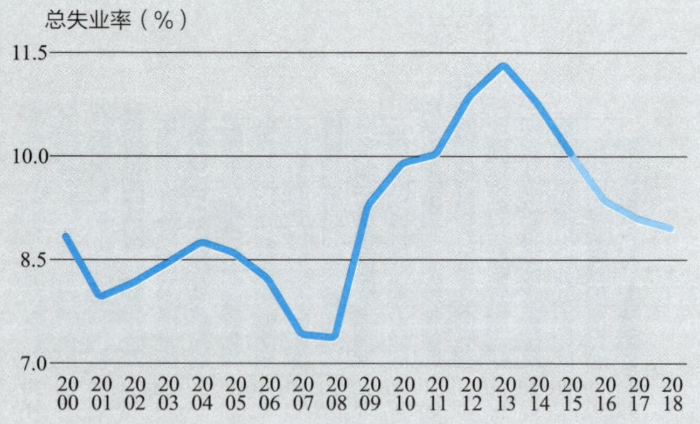
总失业率（%）

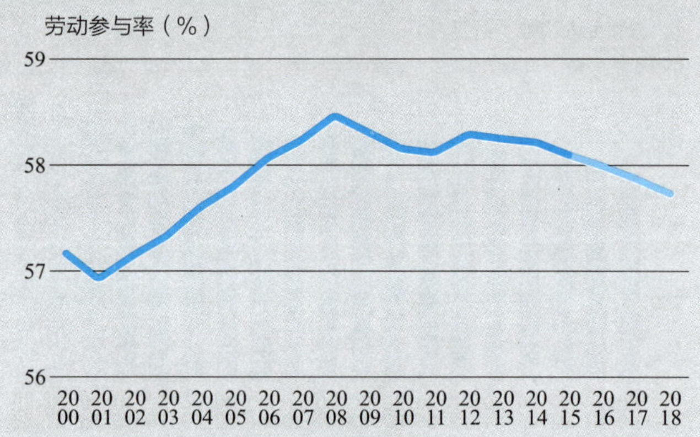
劳动参与率（%）

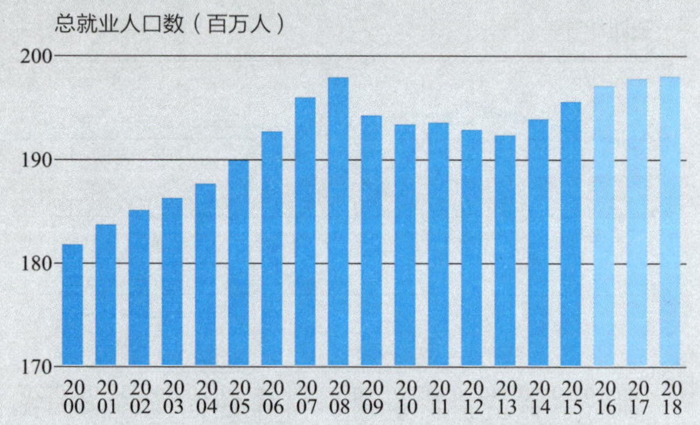
总就业人口数（百万人）

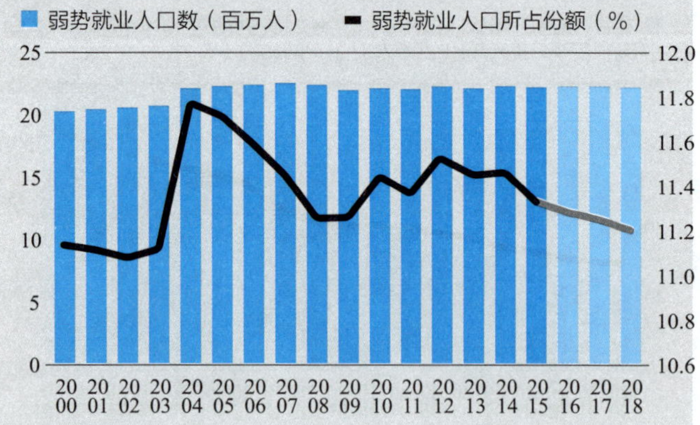
弱势就业人口数（百万人）
弱势就业人口所占份额（%）

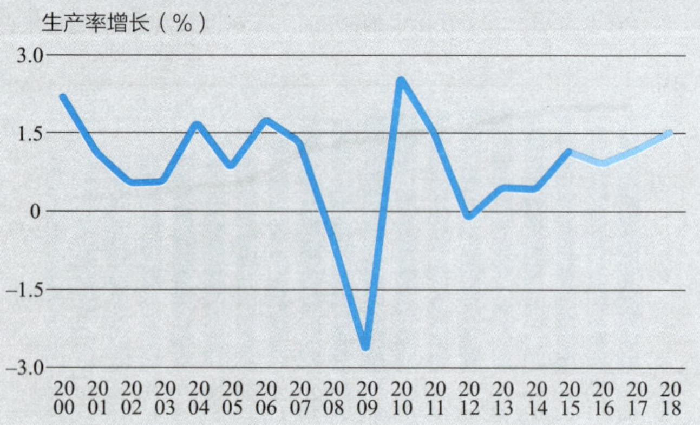
生产率增长（%）

东欧

总失业人口数（百万人）

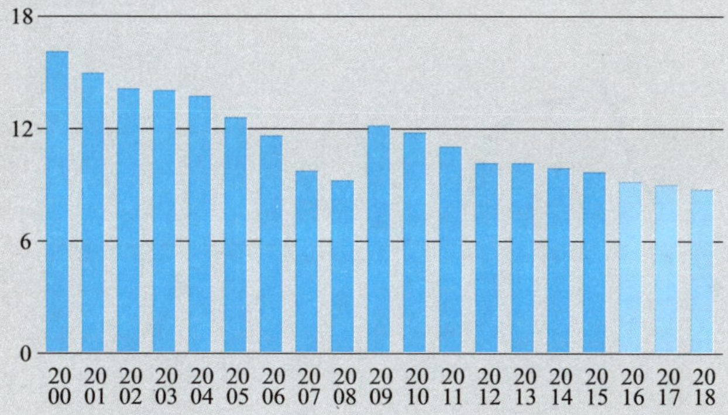

总失业率（%）

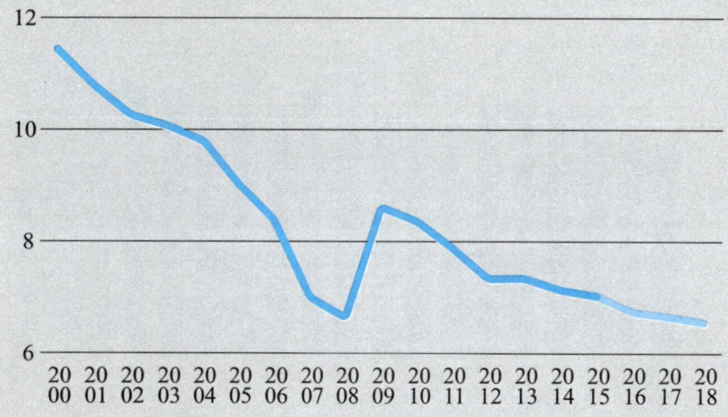

劳动参与率（%）

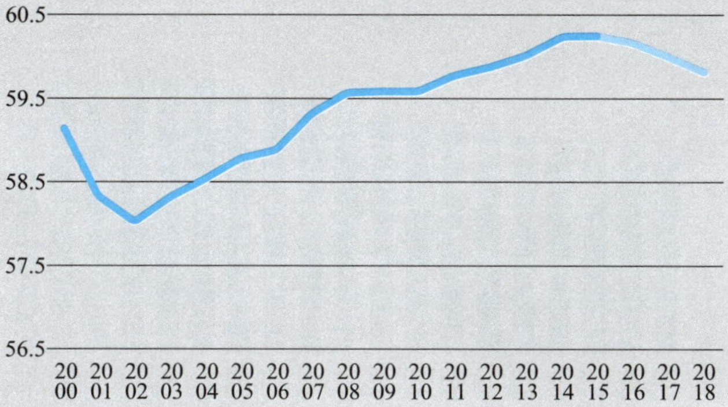

总就业人口数（百万人）

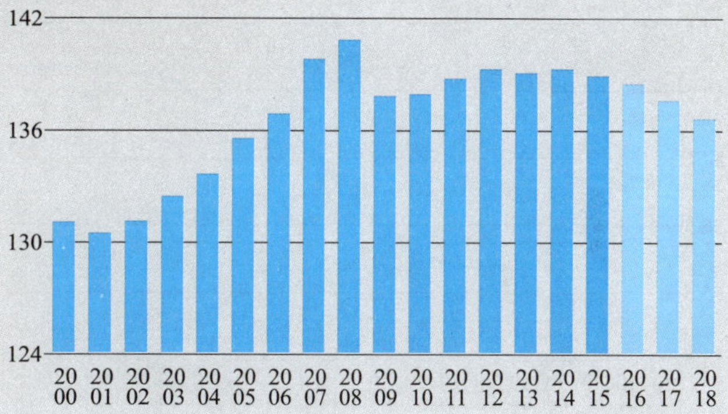

工作贫困人口：<3.10PPP美元/日（百万人）

工作贫困人口占总就业人口的比例（%）

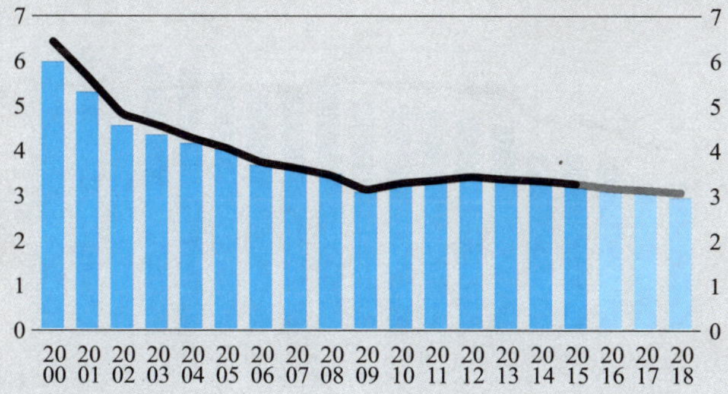

发展中的中产阶级人口：5—13PPP美元/日（百万人）

发展中的中产阶级占总就业人口的比例（%）

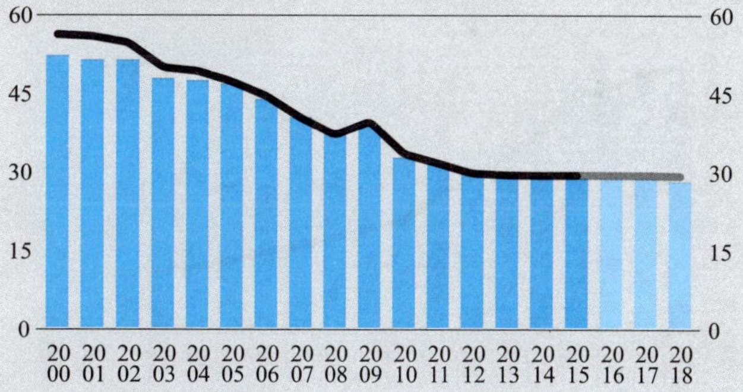

弱势就业人口数（百万人）

弱势就业人口所占份额（%）

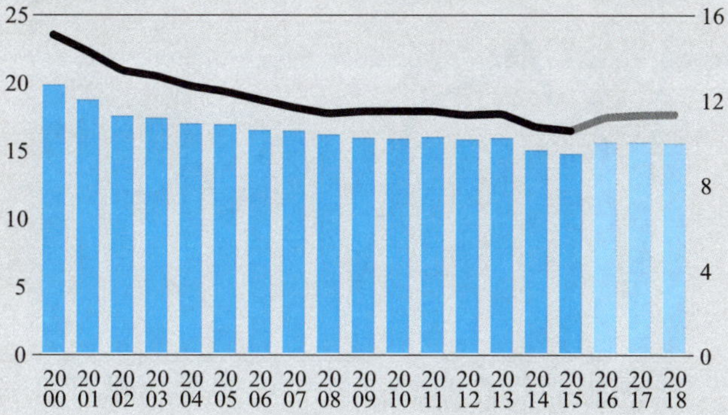

生产率增长（%）

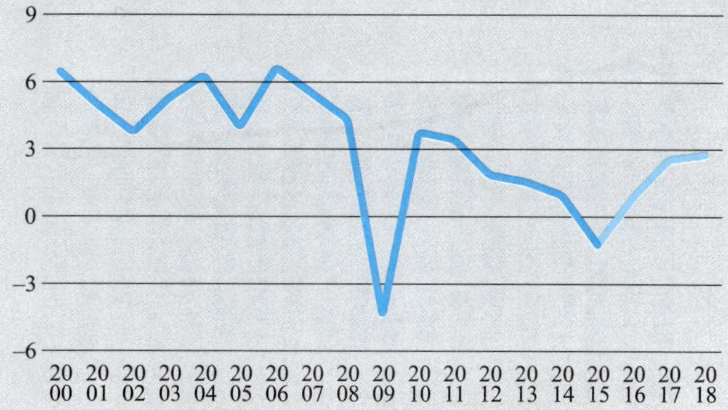

中西亚

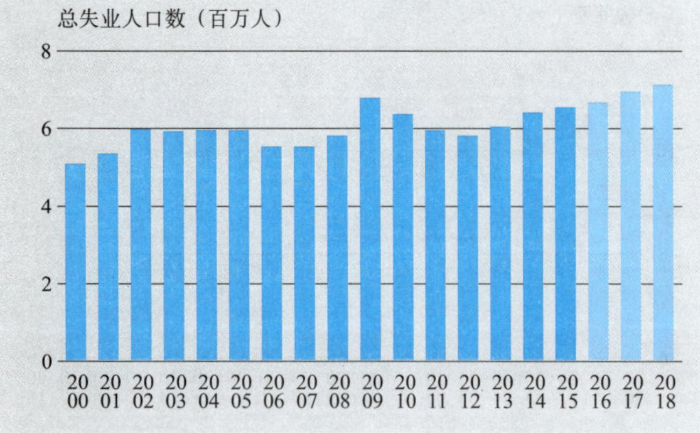
总失业人口数（百万人）
8
6
4
2
0
20 00 20 01 20 02 20 03 20 04 20 05 20 06 20 07 20 08 20 09 20 10 20 11 20 12 20 13 20 14 20 15 20 16 20 17 20 18

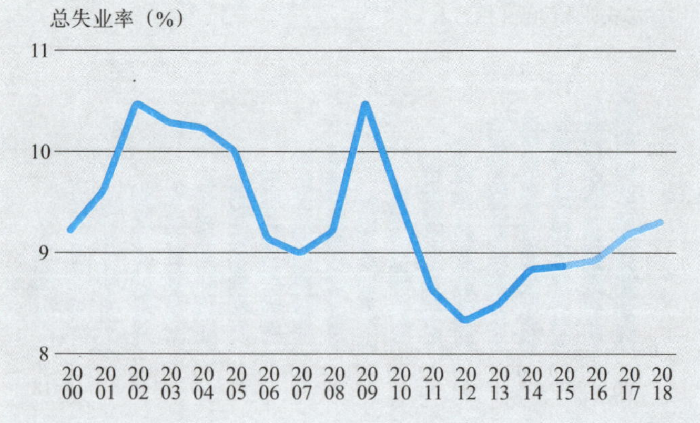
总失业率（%）
11
10
9
8
20 00 20 01 20 02 20 03 20 04 20 05 20 06 20 07 20 08 20 09 20 10 20 11 20 12 20 13 20 14 20 15 20 16 20 17 20 18

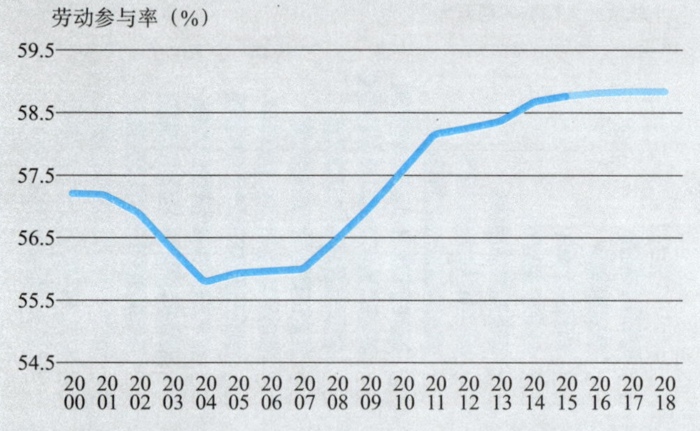
劳动参与率（%）
59.5
58.5
57.5
56.5
55.5
54.5
20 00 20 01 20 02 20 03 20 04 20 05 20 06 20 07 20 08 20 09 20 10 20 11 20 12 20 13 20 14 20 15 20 16 20 17 20 18

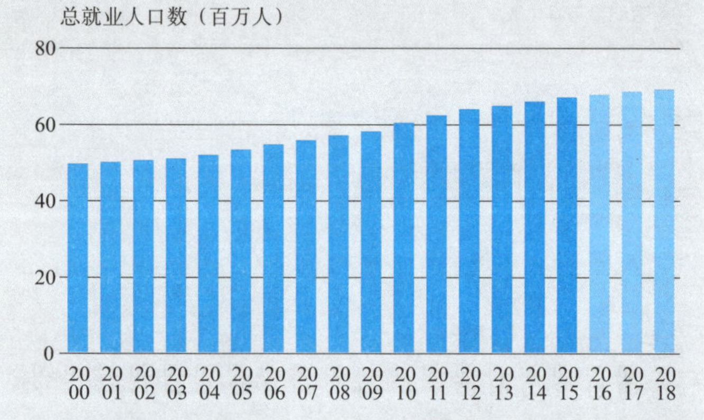
总就业人口数（百万人）
80
60
40
20
0
20 00 20 01 20 02 20 03 20 04 20 05 20 06 20 07 20 08 20 09 20 10 20 11 20 12 20 13 20 14 20 15 20 16 20 17 20 18

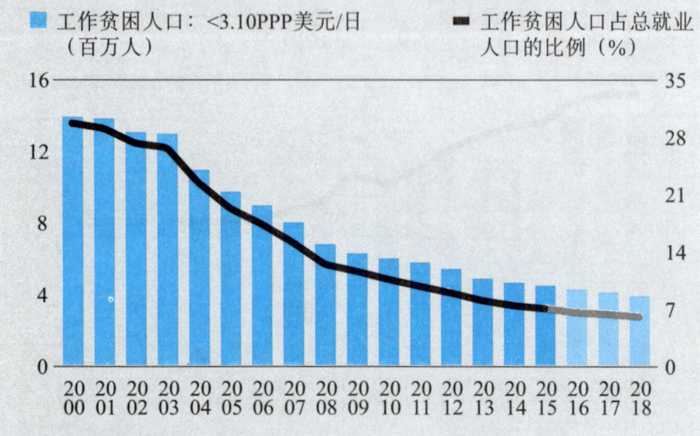
工作贫困人口：<3.10PPP美元/日（百万人）
工作贫困人口占总就业人口的比例（%）
16 12 8 4 0
35 28 21 14 7 0
20 00 20 01 20 02 20 03 20 04 20 05 20 06 20 07 20 08 20 09 20 10 20 11 20 12 20 13 20 14 20 15 20 16 20 17 20 18

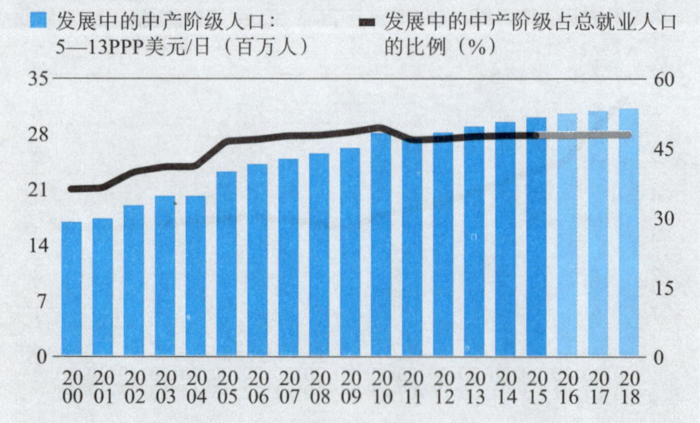
发展中的中产阶级人口：5—13PPP美元/日（百万人）
发展中的中产阶级占总就业人口的比例（%）
35 28 21 14 7 0
60 45 30 15 0
20 00 20 01 20 02 20 03 20 04 20 05 20 06 20 07 20 08 20 09 20 10 20 11 20 12 20 13 20 14 20 15 20 16 20 17 20 18

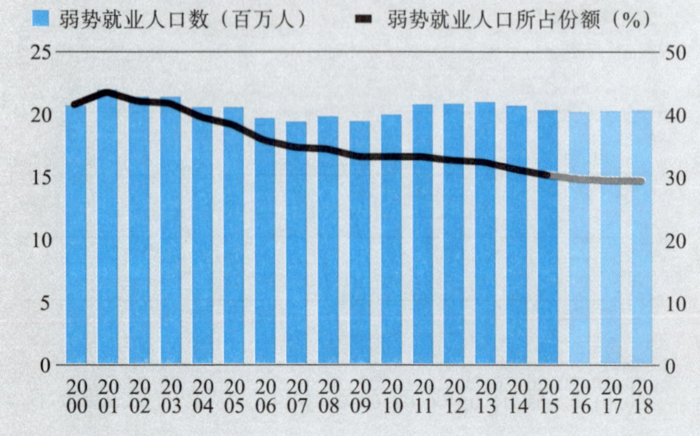
弱势就业人口数（百万人）
弱势就业人口所占份额（%）
25 20 15 10 5 0
50 40 30 20 10 0
20 00 20 01 20 02 20 03 20 04 20 05 20 06 20 07 20 08 20 09 20 10 20 11 20 12 20 13 20 14 20 15 20 16 20 17 20 18

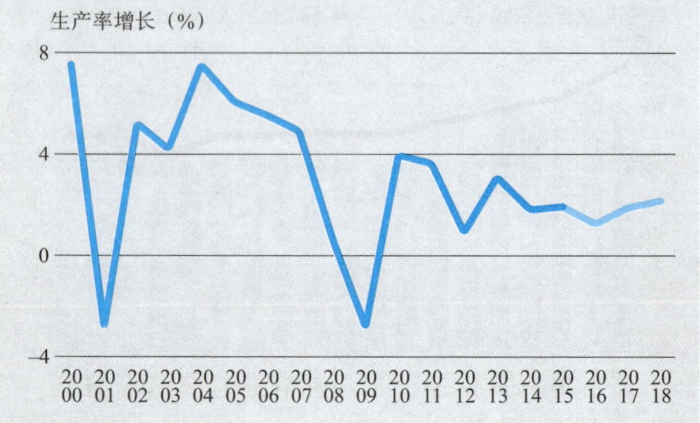
生产率增长（%）
8
4
0
-4
20 00 20 01 20 02 20 03 20 04 20 05 20 06 20 07 20 08 20 09 20 10 20 11 20 12 20 13 20 14 20 15 20 16 20 17 20 18

参考文献

Baker, S.; Bloom, N.; Davis, S. 2013. *Measuring economic policy uncertainty.* Working Paper 21633, NBER Working Paper Series. Available at: www.policyuncertainty.com/media/BakerBloomDavis.pdf [9 Dec. 2016].

Elsby, M.; Hobijn, B.; Sahin, A. 2013. "Unemployment dynamics in the OECD", *in Review of Economics and Statistics*, Vol. 95, No. 2, pp. 530–548.

Ernst, E.; Viegelahn, C. 2014. *Hiring uncertainty: A new labour market indicator* (ILO, Geneva). Available at: http://www.policyuncertainty.com/media/HiringUncertainty.pdf [9 Dec. 2016].

European Commission (EC). 2016. *European economic forecasts: Spring 2016*, European Economy Institutional Paper No. 25 (Luxembourg).

Hoekman, B. (ed.). 2015. *The global trade slowdown: A new normal?*, VoxEU.org eBook (London, Centre for Economic Policy Research (CEPR)).

International Labour Office (ILO). 2012. *Working towards sustainable development: Opportunities for decent work and social inclusion in a green economy* (Geneva).

—. 2014. *Fair migration: Setting an ILO agenda,* Report of the Director-General, Report 1(B), International Labour Conference, 103rd Session, Geneva, 2014 (Geneva).

—. 2015a. *World Employment and Social Outlook 2015: The changing nature of jobs* (Geneva).

—. 2015b. *ILO global estimates on migrant workers: Results and methodology* (Geneva).

—. 2016a. *World Employment and Social Outlook 2016: Transforming jobs to end poverty* (Geneva).

—. 2016b. *Women at Work: Trends 2016* (Geneva).

—. 2016c. *World Employment and Social Outlook: Trends 2016* (Geneva).

—. 2016d. *Global Wage Report 2016/17: Wage inequality in the workplace* (Geneva).

International Monetary Fund (IMF). 2015. "Where are we headed? Perspectives on potential output", in *World Economic Outlook, April 2015: Uneven growth, short- and long-term factors* (Washington, DC), Chapter 3, pp. 69–110.

—. 2016a. *World Economic Outlook, October 2016: Subdued demand, symptoms and remedies* (Washington, DC).

—. 2016b. *Regional Economic Outlook: October 2016: Middle East and Central Asia* (Washington, DC).

Kapsos, S.; Bourmpoula, E. 2013. *Employment and economic class in the developing world.* ILO Research Paper No. 6. Available at: http://www.ilo.org/wcmsp5/groups/public/---dgreports/---inst/documents/publication/wcms_216451.pdf [9 Dec. 2016].

Organisation for Economic Co-operation and Development (OECD). 2015. *In it together: Why less inequality benefits all* (Paris). Available at: http://dx.doi.org/10.1787/9789264235120-en [9 Dec. 2016].

—; International Labour Office (ILO). 2014. *Promoting better labour market outcomes for youth*, report on youth employment and apprenticeships prepared for the G20 Labour and Employment Ministerial Meeting, Melbourne, 10–11 Sep. 2014.

Rother, B.; Pierre, G.; Lombardo, D.; Herrala, R.; Toffano, P.; Roos, E.; Auclair, G.; Manasseh, K. 2016. *The economic impact of conflicts and the refugee crisis in the Middle East and North Africa*, IMF Staff Discussion Note SDN/16/08 (Washington, DC, International Monetary Fund).

Shimer, R. 2012. “Reassessing the ins and outs of unemployment”, in *Review of Economic Dynamics*, Vol. 15, No. 2, pp. 127–148.

Summers, L. 2016. *The age of secular stagnation*. Available at: http://larrysummers.com/2016/02/17/the-age-of-secular-stagnation/ [9 Dec. 2016].

Timmer, M.P.; Los, B.; Stehrer, R.; de Vries, G.J. 2016. *An anatomy of the global trade slowdown based on the WIOD 2016 release*, Groningen Growth and Development Centre (GGDC) Research Memorandum No. 162 (Groningen, University of Groningen).

Tunisia, Republic of. 2016. *Tourism in figures*, Ministry of Tourism and Handicrafts (Tunis). Available at: http://www.tourisme.gov.tn/en/achievements-and-prospects/tourism-in-figures/figures-2016.html [9 Dec. 2016].

United Nations Department of Economic and Social Affairs (UN DESA). Forthcoming. *World Economic Situation and Prospects* (New York).

Vanek, J.; Chen, M.; Carre, F.; Heintz, J.; Hussmanns, R. 2014. *Statistics on the informal economy: Definitions, regional estimates and challenges*, WIEGO Working Paper (Statistics) No. 2 (Cambridge, MA, Women in Informal Employment: Globalizing and Organizing (WIEGO)). Available at: http://wiego.org/sites/wiego.org/files/publications/files/Vanek-Statistics-WIEGO-WP2.pdf [9 Dec. 2016].

World Economic Forum (WEF). 2014. *Rethinking Arab employment: A systemic approach for resource-endowed economies* (Geneva).